广东省南拳段位制系列教程　武术进校园（六进）普及推广本
广东省武术协会　审定

咏春拳

田新德　主　编
徐海亮　副主编

人民体育出版社

图书在版编目（CIP）数据

咏春拳 / 田新德主编；徐海亮副主编. -- 北京：人民体育出版社，2023
 广东省南拳段位制系列教程
 ISBN 978-7-5009-6226-7

Ⅰ.①咏… Ⅱ.①田… ②徐… Ⅲ.①南拳—教材 Ⅳ.①G852.13

中国版本图书馆CIP数据核字(2022)第185981号

*

人民体育出版社出版发行
北京新华印刷有限公司印刷
新 华 书 店 经 销

*

787×1092　16开本　12.25印张　234千字
2023年6月第1版　2023年6月第1次印刷
印数：1—5,000册

*

ISBN 978-7-5009-6226-7
定价：68.00元

社址：北京市东城区体育馆路8号（天坛公园东门）
电话：67151482（发行部）　　　邮编：100061
传真：67151483　　　　　　　　邮购：67118491
网址：www.psphpress.com

（购买本社图书，如遇有缺损页可与邮购部联系）

广东省南拳段位制系列教程　武术进校园（六进）普及推广本
广东省武术协会　审定

咏春拳编委名单

编委主任：田新德

编　　委：徐海亮（主笔）

　　　　　李兆伟　李占锋

　　　　　毛　彬　杨晓立

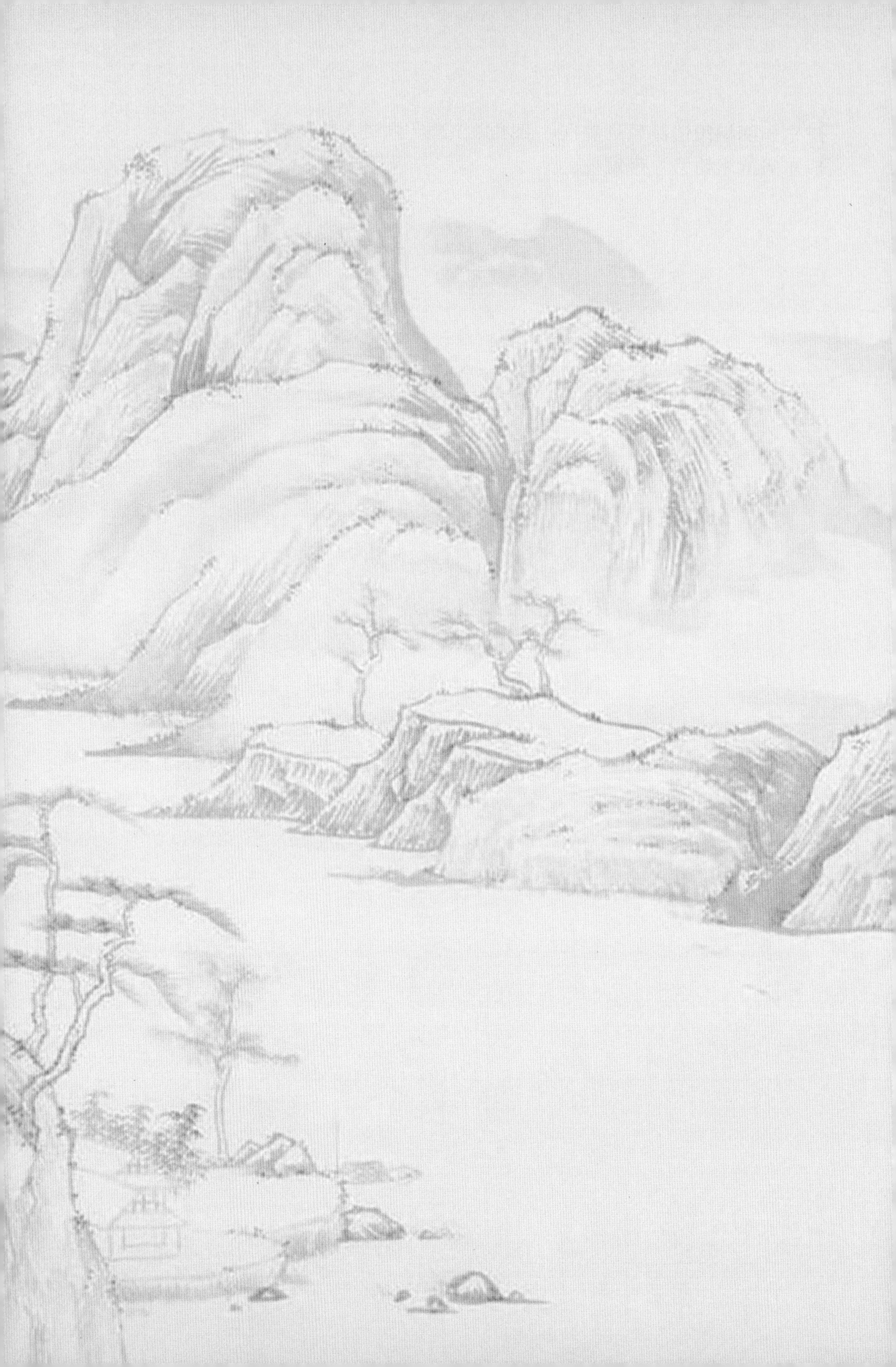

作者简介

田新德 中国武术协会副主席,广东省武术协会主席。曾参与第9届全国运动会、广州亚运会、深圳世界大学生运动会等大型运动会的组织管理工作。

20世纪80年代第一批国家武术高级教练,曾编写出版了全国第一套《自选拳枪剑棍刀》等武术系列教材6册。

对太极、长拳、南拳、少林拳等传统武术及竞技武术的管理、训练和竞赛有较深入的研究,积极推动武术进校园、段位制及武术产业的发展,研发的武术体育竞赛系统和训练器材获得国家发明专利。

近年来,又带领广东省武术界专家、教练主编了《广东省南拳段位制系列教程》8册,陆续付梓。

徐海亮 广东省武术协会副秘书长、科研部执行部长。

中国武术段位一级指导员，中国武术段位一级考评员，国家一级武术教练员，国家一级长短兵教练员，国家一级武术套路裁判员，国家一级散打裁判员。

毕业于体院武术系，曾系统习练传统武术、散打、竞技武术，任专职武术教练20多年，本人及队员在国家、省、市比赛中数十次荣获冠亚军佳绩。在《中华武术》《武林》《少林与太极》等国家级期刊上发表武术专业文章20多篇。曾进修于北京语言大学，可全英文武术教学，翻译出版武术书籍2部、翻译各派武术名家音像教学片300多种（系列）行销于海内外。

2012年获得国际太极拳邀请赛传统陈式太极拳金牌，入选"中国当代太极拳名家"。2016年7月，参与编写《广东省南拳段位系列教程》，任编写专家组成员、主要执笔。2017年4月，担任"中华人民共和国第13届全国运动会太极拳公开赛（广州赛区）"裁判员。2018年6月，入载《中国当代武林人物志》。2018年8月，担任国际武术联合会咏春拳大赛仲裁委员会委员兼任外国运动员咏春拳教练。2018年11月，受聘担任世界龙迷会专家组顾问。2023年3月，受聘担任广东省武术协会港澳海外咏春拳推广专委员会总顾问。

先后组织2018年广东省武术进校园10期600多名体育教师咏春拳培训、2019年鹤山市万名中小学生咏春拳操汇演暨国家武术段位考评、2021年佛山市武术进校园（咏春拳）骨干教师培训以及2022年佛山市"百师带百校"咏春拳操骨干教师培训等大型武术培训工作。

编写说明

武术，是中国国粹，其以独特魅力傲立于世界优秀传统文化之林。武术融合了中国古典哲学、古代伦理学、古代医学以及儒学、佛学等思想。千百年来，从形式、内容到功能得以延续、传承与发展，其以"忠、孝、仁、义、礼、智、信、勇"为核心理念，以"内外兼修""以德服人"为最高境界，现实表现在"爱国""爱家""爱人"。

武术，源自人类与大自然的搏斗，遵循着"物竞天择，适者生存"的法则。在几千年的实践和发展演进中，中国武术呈现出不同演进路径，主要表现形式：一是实战，展示武术的对抗实用性；二是健身康养，展示武术的健康养生休闲性；三是竞赛表演，展示武术的竞技观赏性。

武术存续繁衍、生生不息，并与时俱进、兴旺发展，主要在于它能发挥"止戈为武"和"强身自卫"的双重作用。国运即武运，"盛世体育、乱世武术"。在战争年代，为了御敌和自卫，武术成了制止侵略、防身自卫、维护和平的生存技能；在太平盛世，武术是一种体育活动，是民众强健体魄、延年益寿、陶冶情操、竞赛娱乐的活动。到目前，武术大体分为套路（散手的集成）、练功（功力）、对练（较技模拟实战）和实战四种演练与表现形式。

南拳，是中华武术大家庭的重要成员，它独树一帜、传播面广、底蕴深厚，在世界范围内享有盛誉。"广东十虎"至今让人津津乐道，方世玉、黄飞鸿、李小龙等历史人物的传奇故事，世人耳熟能详，口口相传……当社会发展进入热兵器时代，好勇斗狠不符合时代需求，健康养生、休闲娱乐、观赏竞赛等活动更符合大众现代生活方式。换句话说，乱世武术着重于攻防，盛世武术更多地注重强身健体、养生与表演。这又衍生出一个新的问题，中国武术到底能不能打、是不是都是花架子？随着中华武术走向世界，这个问题成了"世界武术之问"。

包括南拳在内的武术，作为中华民族优秀传统文化，它有健身娱乐性、有表演观赏性、有实战性，我们要本着全面发展、百花齐放的心态来看待这个格局和态势，但我们也要不忘初心，回归武术的本源，传承和弘扬武术的技击实战性，还原武术实战的本质属性，才能更好地传承和弘扬中华武术。

广东是经济强省、体育大省，是改革开放的前沿阵地和南派武术的主要发源地。广东的洪、刘、蔡、李、莫、蔡李佛、咏春、新派南拳8大拳种源远流长，影响深远，习练者已涉及世界五大洲100多个国家和地区。广东武术在北京奥运会和南京青奥会等各级、各类比赛中取得了优异成绩，30多人荣获南拳、太极拳类项目和散打项目世界冠军，培养了一大批亚洲和全国冠军。随着中共中央、国务院印发《中长期青年发展规划（2016—2025年）》《全民健身计划（2016—2020年）》、国家体育总局印发《中国武术发展五年规划（2016—2020年）》《体育发展"十三五"规划》《武术段位制推广十年规划（2014—2023年）》《关于武术段位制工作指导意见》以及多部门印发《武术产业发展规划（2019—2025年）》等通知文件的出台，武术运动从广度到深度都得到快速发展，习练人数与日俱增。

新的形势下对南拳练习者如何习练、如何考评提出了全新要求，现有教材存在一些弊端，如较为缺乏攻防理念、不够规范、不成体系、无法满足习练者的需求等。为此，我们于2017年初着手组织全省具有影响力的南拳各拳种传统老拳师、传承人以及武术界专家(含港澳地区)，反复调查研究、挖掘整理、分析论证、实证解析，经四年多的努力，组织编撰了《广东省南拳段位制系列教程》。

《广东省南拳段位制系列教程》以配合中国武术段位制的全面实施为出发点，以回归武术本源、传承和弘扬武术传统的"技击""攻防"为核心，通过深入挖掘、梳理广东南拳各大拳种传统实用的攻防技法和优秀文化，分别形成了洪、刘、蔡、李、莫、蔡李佛、咏春、新派南拳的习练和考评教程。本教程的推进，以武术段位培训、考评以及武术进校园（六进）的普及推广为载体，以段位为主线,服务习练受众。如咏春拳,技术方面从段前级、一段至六段,由简到繁;黐手从单黐手到双黐手,由易到难;木人桩从打空桩到打实桩;搏击由散手组合到模拟实战等。教程内容设计,从幼儿园到成人各个年龄段人群,循序渐进,层层提高。这为专业训练和拳馆教学、社会培训机构提供了规范体式。

本教程特别之处是,不仅注重武术段位技术和传统武术技术习练,而且专门开辟"武德篇"——"习武先修德",教程突出对习练者武德和品行培养,从段前级开始就有武德篇,将武德要求贯穿各级别段位考评。如,咏春拳操考评,以背诵武德开篇,演练时配合口令,或配合具有武术风格特点的音乐图景,青少年演练以背诵《少年中国说》精彩片段为终。强烈的仪式感,加之场景渲染,既展示武术的精气神,又激发演练者的爱国情怀和团队精神,增进他们对中华武术和中华优秀传统文化的认同感、自豪感、正义感、使命感,树立正确的世界观、人生观、价值观,实现提升武术实战性和强化爱国、爱家、爱人思想的教化作用,这是本套教材的核心价值和深远意义。

编写本系列教程,我们确立了内容设置的结构标准和编写原则如下:

①本系列教程的组织框架、动作数量、运动强度、难易程度等与《中国武术段位制》系列丛书接近。

②本系列教程中,各种南拳段位考评内容的编写组织框架、动作数量、运动强度、难易程度等基本一致。

③以各拳种传承人、拳师的传统拳法套路中代表性动作作为教程基本动作,尽量保留原始散手组合动作风貌,保护和传承拳种特色,同时统一技术标准。

④本系列教程中的单练套路、对练套路和木人桩动作是从简到繁、从易到难的递进式安排,采用逐段叠加递进的方式编排。

⑤本系列教程中的对练(或黐手),包括木人桩动作技术,都来源于本拳种传统套路,且收编到单练套路之中。

⑥木人桩是传统南拳最具代表性的习练功力的方法,在本系列教程增设了木人桩套路考评内容。

⑦本系列教程中,南拳各拳种的武术段位套路起势、收势采用统一的、具有典

型南拳特色的武术起势、收势动作。

⑧本系列教程中，单练套路和木人桩技术，按照体育绘图标准，配连续动作示范图。

⑨南拳段位考评内容，从一段至九段均进行明确。武术拳操的考评自成体系，对考评标准、考评方法和考评流程进行单独说明。

南拳拳种繁多，且各具特色，内容丰富庞杂，内涵博大精深，在编写过程中，难免挂一漏万，有不尽完善之处，请各位同仁多提宝贵意见和建议，我们将在今后的实践探索中不断总结完善。同时，我们会陆续推出南拳其他拳种教材，并同步发行英文版。

我们专注于实践探索，无意理论争辩。我期待，在中国武术协会带领下，通过广东省武术界同仁的共同努力，从广东武术段位普及与考评切入，对传承和创新广东省传统武术，对挖掘、保护与发展南拳，对推动中华武术更快更好地走向世界，能够贡献绵薄之力，这也是我们武术人的初心。

是为说明。

中国武术协会副主席
广东省武术协会主席

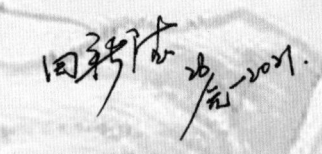

代 前 言
广东南拳段位制技术的一般生理特点与作用

按照南拳研究者的通常说法，南拳技法主要有八个特征，即扎马、桥手、脱肩团胛、直项圆胸、沉气实腹、五合三催、发声喝呼、体刚劲粗。这八个特征囊括了南拳的动作特点。中国武术大词典中对南拳也有"手法多样、动作紧凑、步法稳固、快慢相间、气沉丹田、发声吐气"的说法。根据本系列南拳的技法特征，主要讲究的是以桩步配合突出上肢盘打的技法。劲力"其根在脚，发于腿，宰于腰，形于手"，以五趾抓地、落地生根，并与脱肩团胛、直项圆胸结合，形成上下一体、全身劲力凝结，再通过"手从胸口发，力从腰马生""五合三催"，身心俱合，心随意转、力随意发，特别以桥手手法突出多变，体现出了南拳刚劲飘逸、灵活自如的特殊风格与特点。从本系列南拳的风格特点上我们可以看出，南拳对身体生理机能的要求比较全面，桩功步法讲究的是下肢力量的强化与灵活运用，腰腹发力注重核心力量的上下承转，桥手肘臂刚硬则突出对上肢力量与抗打击力度的强化，而"五合三催"则是对意念与动作结合、步法与力的运行控制提出的更高要求。

所以，本系列南拳的力量从生理上表现为，自下而上，从脚抓地为根，经腿、腰腹发力转化到手为最终力的集聚点的动力链发展路径，步法配合多变手法，聚力于臂，而作为核心部位的腰腹，成为力量传导与运转的核心，所谓"半马步蓄劲，后脚蹬地—扣膝合胯—转腰—顺肩"，完成腰腹对力的转换效率。所以南拳训练中，以力量为本，注重以提高步法配合手法动力链功率转换效率，成为本系列南拳训练设计的基本生理原则。从生理学的角度，动力链功率水平表达能力的提高，主要涉及如下因素：

（1）脑对动作目的的理解与注意集中。动作链的连贯程序，力由心生，脑对力量表达意愿的集中程度，直接影响力量训练的效率与动作反应时间，所以力量训练中脑对动作目的的设定与注意的专注性是十分必要的。

（2）力量与动力链功率。力量包括静力性力量、动力性力量两大类。又可以分为向心收缩、离心收缩与等长收缩三种形式，根据全身肌肉力量轴线的分布，还可以分为水平面力量、额状面力量与矢状面力量。一般，我们用绝对力量（最大力量）、耐力性力量（持续运动）、爆发力（单位时间功率）、协调性力量（三维空间轴力量）等表述各种力量。三维力量空间的稳定，是复合动作高效率的基本保障，如"旋"的动作链。功率简单表达为单位时间内力量的输出能力。一般，动力链功率输出水平的高低，决定竞技表达水平的高低。

（3）功率是肌肉力量在单位时间内输出的总和，它不仅涉及收缩的力量也与每分钟肌肉收缩的距离相关。功率的测量是以公斤米/分（kg-m）为标准的。由于能量转换速率的问题，对于一个受过高水平训练的运动员，其100米跑的功率速率也只是30分钟跑输出功率的1.75倍，尽管这之间有4倍的肌肉力量输出的差异。肌肉块的大小，即肌肉的生理横断面积，是产生力量的物质基础，所以，力量训练中，肌肉面积增大方面的训练也是十分必要的。肌肉肥大很大程度上与遗传有关，一般，训练只能导致肌肉肥大30%~60%。肌肉力量主要取决于它的生理横断面积，每平方厘米肌肉横断面大约最多可以产生4.4公斤的力量。举例来说，一个世界级的举重运动员股四头肌可以有大于150平方厘米的横断面积，最大可以产生525公斤（或1157磅）的力量，作用于膝腱。牵张性力量大约大于收缩性力量的40%，举例来说如果以525公斤的力量落地后（跳深练习）跳起的话，膝盖承受的力量就要达到735公斤（或1620磅），事实上拉伸性力量训练是最大力量训练的最有效方法。每种训练方法都其特殊的作用，应该根据每个人的具体情况进行设计，在此不再赘述。

（4）脑对神经肌肉活动的控制模式。包括脑的动作链控制模式、脊髓 $\alpha-\gamma$ 环路的张力协同比和动力链最小肌肉力量限制比、重点运动环节稳定性力量比等。

（5）肌肉活动的耐力与能量代谢能力。肌肉活动的耐力主要与肌肉的能量供应能力有关，包括快速能量供应时间及转换速率等。在竞技或者实战中，耐力是保障肌肉活动效率的重要基础，也是限制力量表达效率的主要因素。爆发力与绝对力量有关，耐力主要涉及肌肉的持续供能能力，而肌肉的持续供能能力又与能量需求以及能量池的能量转换代谢速率的平衡关系直接相关，这里面涉及了细胞代谢环境、氧供应环境与代谢产物清除状态、血氧循环供应效率、心脏工作能力、内外环境呼吸能力、内环境循环处理能力、稳态极限能力等。

由于南拳竞赛中，加上起、收势大约有65个动作，成人竞赛时间在1分20秒以内完成，相当于普通400米跑的代谢强度，所以整个套路对动作的爆发力、力量的节奏与力量持续保持能力要求是非常高的。耐力，主要依赖训练前肌肉的糖原储备，高淀粉食物形成的糖原储存，比混合类食物与高脂肪食物的都要高。典型的如马拉松跑，糖原耗尽的时间大概如下：

食物种类	分钟	克/公斤肌肉
高糖食物	240	40
混合食物	120	20
高脂肪食物	85	6

从中可以看出，南拳训练或竞赛中，高糖食物的摄取或补充是非常重要的。

肌肉的能量代谢系统包括三个方面：①磷酸原系统；②糖酵解；③有氧氧化。肌肉的收缩和舒张均需要能量。肌肉中储存的主要能源物质有三磷酸腺苷（ATP）、磷酸肌酸（CP）、肌糖元和脂肪，见下表。

肌肉中储存的主要能源物质及含量（每公斤体重）

能源物质	ATP	CP	肌糖元	脂肪
含量	4毫克分子	15.6毫克分子	15克	超过体重的10%

肌肉收缩和舒张的唯一直接能源物质是ATP，其储量少，在剧烈肌肉收缩中供能仅能维持1~3秒。因此，作为唯一直接供能物质的ATP需要在分解的同时进行再合成。ATP再合成所需的能量来自CP和肌糖元的无氧分解，以及肌糖元和脂肪的有氧分解。运动中机体的供能方式以有氧分解为主还是以无氧分解为主，主要取决于运动强度和运动的持续时间。

运动中，体液和电解质平衡也是非常重要的。尤其是在长时间训练的条件下，除了水分以外，汗液的丢失会带走相应的电解质，如钠离子、氯离子、钾离子等，所以高温条件下的训练环境，一定注意适当的补水与补电解质。

其他有关呼吸、血液与心血管、内分泌与免疫、脑与神经中枢、消化等，详见相关书籍。

南拳领域中，各个拳种、各个流派的动作形式虽有差异，但动作链的基本概念是相同的，本系列教程的技术吸取了各自拳种的共性原素。而且，运用中国传统文化与中医理论对本系列拳法机理有着众多的表述，对生理学知识的了解可以促进南拳练习或者训练效率的提高，对南拳技击和功法训练原理与方法的生理学分析，也会进一步促进南拳的科学练习。而丰富南拳的文化内容，则会促进南拳武术的发展和传播。

李　捷

注：李捷，教授、博士，国内知名运动训练学专家，九三学社广东省第九、第十届政协委员，享受国务院政府津贴，国家体育总局体育专业技术学科带头人，国家体育总局田径管理中心2004—2008年奥运会科技团队负责人，国家体育总局2004—2008年奥运会运动训练监控、营养组专家和科技团队负责人。

目 录

第一章　咏春拳概述 / 1

第二章　武德武礼 / 3

    第一节　武德 / 3

    第二节　武礼 / 4

第三章　咏春拳段前九级技术学练与考核 / 9

    第一节　咏春拳段前九级武德背诵一览表 / 9

    第二节　咏春拳段前九级技术动作一览表 / 10

    第三节　咏春拳段前九级技术学练 / 11

    第四节　咏春拳段前九级考核 / 19

第四章　咏春拳段位技术学练与考核 / 20

    第一节　咏春拳段位套路技术图解 / 20

    第二节　咏春拳木人桩段位技术图解 / 48

    第三节　咏春拳黐手段位技术图解 / 72

    第四节　咏春拳段位技术动作连续演示图 / 117

    第五节　咏春拳各级别段位考评的具体技术内容 / 127

第五章　咏春拳操（六进）组织、学练与考核 / 128

    第一节　咏春拳操组织与学习 / 128

    第二节　咏春拳操技术学练 / 130

    第三节　咏春拳操演练流程 / 172

    第四节　咏春拳操考核与段位晋级 / 173

附录　高段位（七段、八段、九段）申报指南 / 174

编后语 / 175

第一章 咏春拳概述

咏春拳，也有写为"永春拳""詠春拳"。"咏"是"詠"的简体字。

咏春拳作为南拳中具有代表性的武术门派，和其他许多武术门派一样，关于它的起源有很多传说。从咏春拳传人叙述和史料记载来看，归纳起来主要有以下几种。

第一种，严咏春创编咏春拳。相传，严咏春是清代中期少林俗家弟子严二之女。某日，她偶然看到蛇鹤相争受到启发，在自己原有的武功基础上创编了咏春拳。严咏春传其丈夫梁博俦，梁博俦再把咏春拳传给红船戏班中人，使咏春拳得以继承发展。

第二种，五枚师太创编咏春拳。相传，五枚师太是清代初期的少林派弟子，还是福建永春白鹤拳的高手。某日，她偶然看到蛇鹤相争受到启发，她依据蛇鹤打斗、相互攻防的原理，结合白鹤拳技法以及女性特点创编了咏春拳。后来五枚师太把咏春拳法传授给严咏春，严咏春又传给了自己的丈夫梁博俦，梁博俦传给其侄子梁兰桂，梁兰桂传给红船中人黄华宝、梁二娣，再传至梁赞。

另一种说法，五枚师太创编咏春拳以后，并非直接传授给严咏春，而是传给少林弟子苗顺，苗顺传给少林俗家弟子严二，严二再传女儿严咏春，严咏春传给其丈夫梁博俦。严咏春先于她丈夫去世，梁博俦为了纪念爱妻，将此拳取名为"咏春拳"。梁博俦又将其传给红船中人黄华宝、梁二娣、陆锦三人，黄、梁二人传拳给佛山人梁赞，陆锦传拳给顺德人冯少青。从此，咏春拳得以逐渐传播。

第三种，咏春拳得名于少林永春拳。相传，咏春拳得名于福建福田九莲山少林寺的永春殿，是少林弟子至善禅师所传。至善禅师是福建福田九莲山少林寺的总教习，在寺内永春殿教授少林永春拳。后因寺庙被焚，至善逃避到佛山，曾在红船中当伙夫，后因显露非凡的武功，众人纷纷拜他为师。其中，戏班里的花旦苏三妹学艺精湛，被誉为"永春三娘"。苏三妹传艺给陆锦，陆锦传拳给黄华宝、梁二娣，黄、梁二人传拳给佛山人梁赞。

第四种，咏春拳为清代乾隆末年隐居在湖南衡山的老僧一尘庵主所创。相传，咏春拳的前身是永春拳，是清代初期民间组织"天地会"的一种拳术，是河南嵩山少林弟子一尘庵主所创。一尘庵主传拳给湖南昆剧武生张五，张五传给广东粤剧界的弟子黄华宝、梁二娣、陆锦等人，黄、梁二人传拳给佛山人梁赞。

第五种，咏春拳源于清代康熙年间福建省永春县的方七娘所创的永春白鹤拳。相传在1870年前后，永春拳弟子流落广东，把福建的永春拳在广东传播开来，而后改称为咏春拳。因为都是口传心授没有文字记载，所以很难考证。与福建永春白鹤拳的技术内容和风格特点进行对比分析，它与流行在广东一带的咏春拳有很大差别。

由于传承分支不同，所支持的传说也不尽相同。但是有两点是可以肯定的。第一，五枚师太、至善禅师、一尘庵主等人都来自于小说等文学体裁，是否真的存在没有确切定论，所以不能作为史料支撑咏春拳的起源，还有待考证。第二，由黄华宝、梁二娣传艺给梁赞，再由梁赞把咏春拳传播开来，这个传承说法被咏春拳后人普遍认可，也没有太多的争议，基本上可以认定为事实，可以作为定论。

有资料记载，黄华宝、梁二娣是洪门中人，曾在红船上谋生。在相对狭窄、晃动的船只上练功，动作不宜大开大合，步法也不能过大，所以多采用"二字钳羊马"练功，这是一种智慧的体现。这种步型更加有利于下盘的稳定，也更加有利于练功者的身体平衡，只有下盘稳固才能更好地发挥上肢的攻防技术。咏春拳技术主要是以"二字钳羊马"为代表步型，结合练功桥法、实用手法和攻防技术，加之中线理论和木人桩功法，逐渐形成一个独立的武术拳种体系。

根据咏春拳传人和资料记载，严咏春和梁博俦的传人主要有梁兰桂、黄华宝、梁二娣、陆锦、易金、罗晚恭等人，之后发展成相对清晰的四个分支，它们是（因为篇幅有限，传人不全部一一列出）：

分支一：黄华宝、梁二娣传梁赞，梁赞传梁壁、陈华顺、王华三等人，陈华顺传叶问、陈汝棉等人，王华三传冯振等人。

分支二：陆锦传冯少青，冯少青传阮奇山、邓算等人，阮奇山传岑能、黄帧等人，邓算传邓奕、白昌等人。

分支三：易金传曹顺和，曹顺和传曹德胜等人。

分支四：罗晚恭传郝保全，郝保全传阮济云，阮济云传姚才等人。

这些传人对所学拳的拳法和拳理不断进行丰富、提炼和规范，使得咏春拳更加系统化，并把这些技术和拳理传授给后人，从而奠定了咏春拳得以发展和壮大的基础，经过多代咏春拳传人的不断努力，使得咏春拳成为中国武术中具有巨大影响力的南派拳种之一。

咏春拳是世界上最受欢迎的中国功夫之一，在众多的武术门派中独树一帜，其特点是简单实用，擅于近身短打，采用长桥窄马，配合多变的手法和灵活的身法、步法等，发挥舍力、卸力、借力、发力之道，从而达至以柔克刚、以技致胜、以弱胜强的效果。

咏春拳源于中国，属于世界。目前，咏春拳不仅流行于中国华南地区，在国内各个省市都有咏春拳馆。咏春拳门人更是遍及世界各地，使咏春拳盛名于世界武林。近年，海内外不少咏春拳爱好者到中国"寻根"，寻找咏春拳名师们的遗迹，追寻咏春拳的真谛。

第二章　武德武礼

第一节　武德

"未曾学艺先学礼，未曾习武先习德"。武术界历来重视武德修养，并将其视为习武者的第一要求。

武德是从事武术活动的人，在社会活动中应遵循的道德规范和应有的道德品质。武德的实质也是社会公正原则，即正义、公平、公道，是人类最古老的道德观念之一。它是武术在几千年的实践和发展中，习武者不断从优秀的中华传统文化中吸取营养和智慧，逐步形成的传统道德准则，是中华民族传统道德的重要组成部分，也是中华民族宝贵的精神财富。

为加强习武者道德修养，提高其道德素质，本编委会编制《武德守则》，供习武者参考学习，并将背诵《武德守则》列为部分段位考核内容之一。

　　武德：崇德尚武，复兴中华；
　　忠：热爱人民，精忠报国；
　　孝：孝敬父母，尊师重道；
　　仁：亲仁善邻，和谐相处；
　　义：遵纪守法，伸张正义；
　　礼：恭敬辞让，相待以礼；
　　智：文韬武略，智勇双全；
　　信：诚以待人，信以立身；
　　勇：见义勇为，尚武强国。

武德，最早见于春秋时期左丘明所著的《左传》一书。他提出："武有七德，禁暴、戢兵、保大、定功、安民、和众、丰财者也。"随着时代的发展，武德的含义也在不断地发展变化。

在现代，武德要提倡"忠、孝、仁、义、礼、智、信、勇"。

"忠"是立国之本。我们提倡的武德，就是要继承、发展传统武德中的精华，把习武同弘扬祖国文化联系起来，培养强烈的民族自豪感，要热爱祖国、维护中华民族的尊严。

"孝"是立家之本。就是孝敬父母，尊师重道，尊重老人、长辈，敬爱师长。

"仁"就是"仁爱"。要用广博的爱去对待一切。《孟子》中讲："仁者爱人，有礼者敬人。爱人者，人恒爱之；敬人者，人恒敬之。"

"义"是做事交友应该坚持的原则。是大义，绝不是哥们义气。"义"的实质就是代表整体社会利益的要求，既要有热爱整个社会之心，反过来也要有自尊、自爱、爱人之心。

"礼"是为人处世的礼仪规则。它包括礼貌、礼节、仪式、仪表等，这些已经成为一个人、一个社会、一个国家文明程度的一种表征和直观展现。

"智"是指辨是非、明善恶和知己识人这样的能力，即"智谋之力"。它从道德智慧延伸到科学智慧，要把科学精神与人文精神结合和统一起来，对人、对事不能迷信，不能盲从。

"信"是指诚实守信、坚定可靠、相互信赖的品行，即"诚信之品"。讲诚信，是做人的根本，是兴业之道、治世之道。"信"不是简单的诚实，信用才是"信"最基本的内涵。守信用、讲信义是中华民族公认的价值标准和基本美德。

"勇"是习武者的行为之本。"勇"既是道德标准又是行为实践，有"大勇"和"小勇"之分。孔子把"勇"作为施"仁"的条件之一。"勇"必须符合"仁、义、礼、智"，才能称其为"勇"。《论语·宪问》曰："仁者必有勇。"又《阳货》曰："君子有勇而无义为乱。"习武者要提倡"大勇"，这种"勇"是符合法律标准、符合人民大众利益的勇敢，是全社会所提倡的见义勇为；习武者要避免"小勇"，避免匹夫之勇，不能为了哥们义气两肋插刀，也不能一时冲动鲁莽行事，这些都不是真正的勇敢，是练武者一定要避免的错误行为。

"仁、义、礼、智、信"称为"五常"，这是立身之本。西汉时期的董仲舒在《举贤良对策》中将"仁、义、礼、智、信"说成是与天地长久的经常法则（"常道"）。这"五常"贯穿于中华伦理的发展中，成为中国价值体系中最核心的因素，它是指导人们举止行为的常理。

武德是建立在忠、孝、仁、义、礼、智、信基础上天下为公的大勇思想，是对习武者德育的具体要求和准则。

第二节　武　礼

武术礼仪是习武者应共同遵守的最基本的道德行为规范，是习武之人文明礼貌的一种体现。

一、武术活动场所的布置及礼仪

（一）武术竞赛场所

如果举行武术竞赛活动时，有升、降国旗的仪式，在过程中行注目礼。

（二）武术训练场所

①在适当位置悬挂国旗。
②在适当位置悬挂中国武术协会会徽。
③在适当位置张贴"武德守则"。
④从武人员进入和离开训练馆时，必须行武术礼。

二、武术礼节

（一）徒手礼

1. 抱拳礼

①行礼的方法：并步站立，右手成拳，左手四指并拢伸直成掌，拇指屈拢，左掌心掩贴右拳面（左指根线与右拳棱相齐），左指尖与下颌平齐，右掌眼斜对胸窝，置于胸前屈臂成圆，肘尖略下垂，拳掌与胸相距20~30厘米。头正、身直，目视受礼者，面容举止大方。

②抱拳礼的含义：抱拳礼中，左掌右拳相合，左掌为文，右拳为武，表示文武兼备。左掌四指表示德、智、体、美"四育"齐备，屈拇指表示不自大；右拳表示勇武顽强，左掌掩右拳，表示"勇不滋事""武不犯禁"；左掌右拳拢屈，两臂环抱成圆，表示五湖四海、天下武林是一家，以武会友。

③抱拳礼的应用：在武术竞赛、表演、训练活动中应用。

2. 三敬礼

①行礼的方法："三敬礼"是南拳段位技术中，各个传统流派都要行的拳礼。具体做法是：在演练南拳段位技术时，在南拳起势敬礼之后，每个拳种流派的演练者，都要把自己本拳种门派的敬师礼在原地或行进中行礼三次。

②三敬礼的含义：南拳段位系列套路充分吸收了传统武术文化的精髓，借鉴"拜四方"礼仪，采用"三敬礼"动作，取意"敬天地""敬父母""敬师长"。

"天"是宇宙、是世界、是国家、是人民、是大道、是正义，寓意人生在世不能违背天道，要重天理，要伸张正义。

"地"是大地、山川、河流，是生养我们的土地，每个人都应该热爱自己的祖国，要与大自然和谐相处，保护环境，爱护大自然。

"父母"是生养我们的人。一个人首先要敬父母，才有可能敬他人，要知道感恩父母，这是做人最基本的要求。

"师"是老师、教练；"长"是长辈。他（她）们是教授我们技术、使我们增长知识、爱护我们成长的人。我们必须要尊师重道、尊敬长辈，进而尊重他人。

"三敬礼"体现了人们对天、地、人的敬畏之心，践行着"天、地、人"合一的思想。

"三敬礼"动作是对传统武德的进一步升华，通过强化和深化武德教育，培养习武者正确的人生观、世界观和价值观，从而提升习武者的综合素质和品德修养。

（二）持械礼

1. 抱刀礼

并步站立，左手抱刀，屈臂使刀斜横于胸前，刀背贴于前臂上，刀刃向上，右手拇指屈拢成斜侧立掌，以掌根附于左腕内侧，两腕部与锁窝同高，两臂外撑，肘略低于手，目视受礼者。

2. 持剑礼

并步站立，左手抱剑，屈臂使剑身贴于前臂外侧，斜横于胸前，右手拇指屈拢成斜侧立掌，以掌根附于左腕内侧，两腕部与锁窝同高，两臂外撑，肘略低于手，目视受礼者。

3. 持枪（棍）礼

并步站立，右（左）手枪（棍）把端三分之一处，屈臂置于胸前，枪（棍）身直立，枪尖（棍梢）向上，左（右）手拇指屈拢成斜侧立掌，以掌根附于右（左）腕内侧，两臂外撑，肘略低于手，目视受礼者。

4. 持械礼的应用

抱刀礼、持剑礼、持枪（棍）礼一般在武术的竞赛、表演、训练活动中应用。

三、武术教学中的礼节

武术课堂是一个严肃的教育场所，师生要用武术礼仪的标准来约束自己，言行有礼。

（一）技术教学、训练礼节

上课铃响时，班长或队长整队集合，清点人数完毕，向老师（教练）报告时，师生均行"抱拳礼"。老师向学生问"同学们好"的同时，行"抱拳礼"。学生在回答"老师好"的同时，行"抱拳礼"。然后落手收势，礼毕，上课开始。

下课时，老师向学生说"同学们再见"，学生在答"老师再见"的同时，行"抱拳礼"，落手站立，然后学生再落手收势，礼毕，师生下课。

（二）理论课堂礼节

当老师走向讲台时，班长发口令："起立，敬礼！"学生起立行"抱拳礼"。老师看学生已行礼端正，也行"抱拳礼"答谢。班长发口令："坐下！"学生就坐，开始授课。

下课时，老师说："下课！"班长发口令："起立，敬礼！"学生起立行"抱拳礼"。老师看学生已行礼端正，也行"抱拳礼"回谢，礼毕，下课。

四、武术竞赛礼仪

（一）注目礼

武术比赛开幕式上，当主持人宣布大会开幕，全体人员起立面向国旗行注目礼，肃穆站立，升国旗，唱国歌；闭幕式上举行降旗仪式，全体人员行注目礼，唱国歌。

（二）运动员礼节

套路运动员听到上场比赛的点名时应向裁判长行"抱拳礼"。然后走到裁判长的右侧半场完成相同方向的起势和收势。听到宣布最后得分时，也应向裁判行"抱拳礼"示答谢之意。

搏击运动员上场被介绍时，先面向裁判长原地行"抱拳礼"，再转向观众行抱拳礼。场上裁判检查护具完毕，双方运动员面对面互相行"抱拳礼"。比赛结束双方运动员上场，当听到宣布最后胜负时，应先向裁判长行"抱拳礼"，然后转向观众行"抱拳礼"，再面向对手行"抱拳礼"。

（三）裁判员礼节

裁判员穿统一的服装，佩戴统一的裁判标志。比赛开始，广播员介绍技术监督委员会时，被介绍者起立行"抱拳礼"；介绍仲裁委员会时，被介绍者原地行"抱拳礼"；介绍总裁判组、裁判员时，被介绍者左脚向前一步，右脚跟上并步站立行"抱拳礼"，礼毕，右脚后退一步，左脚向后并右脚，并步站立。

在比赛开始或比赛结束时，当运动员向裁判长行"抱拳礼"时，裁判长应行"抱拳礼"，以示还礼。

五、表演或社会活动中的礼节

①在表演武术时，表演者在表演开始前，都应向主席台的贵宾、领导和观众行"抱拳礼"，表演结束后行"抱拳礼"。

②武术活动中，被人介绍时，应行"抱拳礼"。

③武术器械递接方法：递接器械是武术外在形象的一个重要方面，向对方递交器械时，如果器械带刃，一定要先递握柄，如刀尖、剑尖要向下，切忌刀尖或剑尖指向对方。枪、棍垂直离地约20公分递给对方，切忌枪尖朝向对方，以失礼节。

第三章 咏春拳段前九级技术学练与考核

武术段位制是中国武术协会所建立的规范全民武术体系和技术等级的考评标准，是对武术习练者武德修养和武术技术水平进行考评的制度体系，设置段位和荣誉段位两部分。段位由低到高依次设置为九级和九段。九级也称作段前九级。分别是初级位：一级、二级、三级；中级位：四级、五级、六级；高级位：七级、八级、九级。咏春拳段前九级是咏春拳段位考评的基础级，主要是为了引导少年儿童和没有体育基础或没有咏春拳基础的武术爱好者对咏春拳产生兴趣并接受武德的熏陶，在习武强身的同时加强德育培养。通过学习段前九级的武德篇和动作技术，为进一步学习段位内容、参加段位考级打下入门基础。

第一节 咏春拳段前九级武德背诵一览表

段前一级	"武德" 崇德尚武 复兴中华			
段前二级	"武德" 崇德尚武 复兴中华	"忠" 热爱人民 精忠报国		
段前三级	"武德" 崇德尚武 复兴中华	"忠" 热爱人民 精忠报国	"孝" 孝敬父母 尊师重道	
段前四级	"武德" 崇德尚武 复兴中华	"忠" 热爱人民 精忠报国	"孝" 孝敬父母 尊师重道	"仁" 亲仁善邻 和谐相处

段前五级	"武德" 崇德尚武 复兴中华	"忠" 热爱人民 精忠报国	"孝" 孝敬父母 尊师重道	"仁" 亲仁善邻 和谐相处	"义" 遵纪守法 伸张正义				
段前六级	"武德" 崇德尚武 复兴中华	"忠" 热爱人民 精忠报国	"孝" 孝敬父母 尊师重道	"仁" 亲仁善邻 和谐相处	"义" 遵纪守法 伸张正义	"礼" 恭敬辞让 相待以礼			
段前七级	"武德" 崇德尚武 复兴中华	"忠" 热爱人民 精忠报国	"孝" 孝敬父母 尊师重道	"仁" 亲仁善邻 和谐相处	"义" 遵纪守法 伸张正义	"礼" 恭敬辞让 相待以礼	"智" 文韬武略 智勇双全		
段前八级	"武德" 崇德尚武 复兴中华	"忠" 热爱人民 精忠报国	"孝" 孝敬父母 尊师重道	"仁" 亲仁善邻 和谐相处	"义" 遵纪守法 伸张正义	"礼" 恭敬辞让 相待以礼	"智" 文韬武略 智勇双全	"信" 诚以待人 信以立身	
段前九级	"武德" 崇德尚武 复兴中华	"忠" 热爱人民 精忠报国	"孝" 孝敬父母 尊师重道	"仁" 亲仁善邻 和谐相处	"义" 遵纪守法 伸张正义	"礼" 恭敬辞让 相待以礼	"智" 文韬武略 智勇双全	"信" 诚以待人 信以立身	"勇" 见义勇为 尚武强国

第二节　咏春拳段前九级技术动作一览表

段前一级	抱拳礼								
段前二级	抱拳礼	二字钳羊马							
段前三级	抱拳礼	二字钳羊马	问手桩						
段前四级	抱拳礼	二字钳羊马	问手桩	日字冲拳					
段前五级	抱拳礼	二字钳羊马	问手桩	日字冲拳	正掌				
段前六级	抱拳礼	二字钳羊马	问手桩	日字冲拳	正掌	摊手			
段前七级	抱拳礼	二字钳羊马	问手桩	日字冲拳	正掌	摊手	膀手		
段前八级	抱拳礼	二字钳羊马	问手桩	日字冲拳	正掌	摊手	膀手	伏手	
段前九级	抱拳礼	二字钳羊马	问手桩	日字冲拳	正掌	摊手	膀手	伏手	直撑腿

第三节 咏春拳段前九级技术学练

（一）抱拳礼

拳：五指卷握，大拇指压在食指和中指第二指节上，拳心朝下为平拳；拳眼朝上为立拳。（图3-3-1、图3-3-2）

掌：大拇指弯曲贴于虎口，其余四指合并，自然伸直。（图3-3-3）

图3-3-1 　　　　图3-3-2 　　　　图3-3-3

抱拳礼：并步站立，右手成拳，左手成掌，两手同时摆至胸前，左掌心掩贴右拳面（左指根线与右拳棱相齐），左指尖与下颌平齐，右拳眼斜对胸窝，屈臂成圆，肘尖略下垂。（图3-3-4～图3-3-6）

动作要领：头正、身直、目视受礼者，举止大方。

图3-3-4 　　　　图3-3-5 　　　　图3-3-6

（二）二字钳羊马

（1）两脚并步站立。两臂垂于身体两侧，手心朝内，抬头挺胸，下颌微收。目视前方。（图3-3-7、图3-3-7附图）

图3-3-7 　　　　图3-3-7附图

（2）双手握拳收于腋下与胸平，双肘后夹，双拳离身体约一指距离。（图3-3-8、图3-3-8附图）

图3-3-8　　　　图3-3-8附图

（3）身体重心微下沉，膝部微屈下蹲。（图3-3-9、图3-3-9附图）

图3-3-9 　　　　图3-3-9附图

（4）以双脚跟为轴心，脚尖尽可能外摆，双膝尽量向外张开。（图3-3-10、图3-3-10附图）

图3-3-10 　　　　图3-3-10附图

（5）以前脚掌为轴心，将脚跟贴地向外转出，形成双脚脚尖斜向内相对。（图3-3-11、图3-3-11附图）

动作要领：膝盖不超脚尖，为了避免膝关节疲劳，开马时必须以胯的开合运动带动膝盖与脚尖的开合动作，同时胯部要向前抽起，达到腰马合一。

图3-3-11　　　　图3-3-11附图

（三）问手桩（以左式为例）

二字钳羊马站立，左问手向前伸出，前臂成水平状态置于身前，肘尖与身体为一拳距离，高与胸平。同时右手四指合并成竖掌，置于左肘关节附近。掌心朝左，指尖朝上，距心窝一直掌距离，目视前方。（图3-3-12、图3-3-12附图）

动作要领：鼻尖、双手指尖，三尖对照置于中线上，此桩正身、侧身皆可。

图3-3-12 　　　　图3-3-12附图

第三章　咏春拳段前九级技术学练与考核

（四）日字冲拳（正身）

（1）左问手桩起势，左手握拳沿中线向前冲出，拳眼朝上，右手握拳置于左肘内侧，拳心朝左，拳面朝前。目视前方。（图3-3-13、图3-3-14）

图3-3-13 　　　　图3-3-14

（2）右手握拳沿中线向前冲出，拳眼朝上，左手握拳经右臂下方回收置于右肘内侧，拳心朝右，拳面朝前。目视前方。（图3-3-15）

（3）左拳沿着中线向前冲出，拳眼朝上，右拳回收置于右腋下或胸前，拳心朝上。目视前方。（图3-3-16）

动作要领：连环冲拳动作要衔接紧密、快速有力。冲拳时，不可以挑肩架肘，肘要归中，肩不可前送。

图3-3-15　　　　图3-3-16

（五）正掌（以左掌为例）

（1）正身二字钳羊马站立。（图3-3-17、图3-3-17附图）

图3-3-17 　　　　图3-3-17附图

（2）左拳变立掌推置于胸前一直掌距离，然后以肘部发力沿中线向前打出，至手臂完全伸直为止。（图3-3-18、图3-3-18附图、图3-3-19、图3-3-19附图）

动作要领：正掌以掌根发力。

图3-3-18 　　　　图3-3-18附图

图3-3-19 　　　　图3-3-19附图

（六）摊手（以左手为例）

（1）正身二字钳羊马站立。（图3-3-20）

图3-3-20

（2）左拳变掌，掌心朝上，指尖朝前，肘归中，沿中线向前推出，肘尖离心窝一拳距离。（图3-3-21、图3-3-22）

动作要领：沉肩坠肘。

图3-3-21 　　　　图3-3-22

图3-3-23

（七）膀手（以左手为例）

（1）正身二字钳羊马站立。（图3-3-23）

（2）左手五指松开，肘底推动手掌向中线送出，掌心朝上，左肘前抛，手腕向后、向下、向前划弧，将左臂向前滚动送出，到位后，臂与肩平，上臂与肩成90°夹角，前臂与上臂成135°夹角，前臂斜向下，手腕置于胸前中线，略低于肘，手指与手腕放松。（图3-3-24～图3-3-26）

图3-3-24

图3-3-25 　　　　　图3-3-26

动作要领：肩要放松下沉，不可挑肩、送肩、架肘。功架须保持弹性，手前身后对争之力。

（八）伏手（以左手为例）

（1）正身二字钳羊马站立。（图3-3-27）

图3-3-27

（2）左拳变掌，掌心朝下，指尖朝前，肘归中，沿中线向前推出，肘尖离心窝一拳距离。（图3-3-28、图3-3-29）

动作要领：沉肩坠肘。

图3-3-28　　　　　图3-3-29

第三章　咏春拳段前九级技术学练与考核

17

（九）直撑脚（右脚为例）

（1）二字钳羊马右问手桩站立。（图3-3-30、图3-3-30附图）

图3-3-30 　　　图3-3-30附图

（2）身体重心移于左腿，提起右脚成摊脚状。（图3-3-31、图3-3-31附图）

图3-3-31　　　图3-3-31附图

（3）右脚向前蹬出。（图3-3-32、图3-3-32附图）

动作要领：以脚跟为发力点，身体尽量保持中正不动。

图3-3-32 　　　图3-3-32附图

第四节 咏春拳段前九级考核

一、段前九级考评组织

段前九级的考核一般在幼儿园或小学低年级，年龄比较小，考评的时候，几个人一组考核比较合适。注意安全。

二、段前九级考评要求

1. 精神面貌
抬头挺胸、自信从容。

2. 武礼
考核现场遵守纪律，上下场要向考评员做抱拳礼。

3. 武德
背诵段前一至九级武德内容。
要求：准确无误、声音洪亮、精神饱满。

4. 技术
根据级别演练相应的动作技术。
技术要求：动作规范、劲力顺达、力点准确、演练流畅、风格突出。
学练完以上段前九级内容以后，习练者可以对武德有一个明确的认知，对咏春拳技术有一个初步的了解。为了掌握更多的咏春拳技术，可以进一步学习一到六段段位技术，包括单练套路、黐手、木人桩和搏击技术，完善自己的技术体系，并通过考核晋级获得更高段位证书。

第四章　咏春拳段位技术学练与考核

中国武术段位分为九段，包括：初段位：一段、二段、三段；中段位：四段、五段、六段；高段位：七段、八段、九段。下面介绍的是咏春拳初段位和中段位的考评技术，是参加武术段位考试必考内容。本系列教程中的单练套路、对练（或黐手）套路和木人桩动作均从简单到复杂、从易到难递进式安排，采用段段叠加递进的方式编排，后面高一段位的套路包含前一段位套路动作内容，以此类推。教程中的对练（或黐手）套路动作和实战技击技术都来源于本拳种传统套路中的动作，并且均已编入单练套路之中。参加段位考评者可以在当地由省武术协会认定的武术段位考评机构报名、参加培训，然后参加统一段位考试，合格者可以获得相应的武术段位证书，有关段位和会员信息在广东省武术协会官方网站上公布。

第一节　咏春拳段位套路技术图解

一、动作名称

1. 起势
2. 上马左摊右打
3. 撤步右转马左膀手
4. 上马左摊手左正掌
5. 左斜上步左拍右打
6. 右斜上步连环冲拳
7. 撤步右转马攋打
8. 左转马右扱肘
9. 三角步右拂手
10. 撤步左护手右膀手右横撑脚
11. 踏步右转马左批肘
12. 左转马右低膀手
13. 左斜上步转身右摊手右直撑脚
14. 踏步撤打、逼步连环拳（三次）
15. 右膀手、左踏步双擒手右截踢
16. 左箭步、左伏右打
17. 左圈步转马上下耕手（三次）
18. 摆桩（右）
19. 上马右摊左打
20. 撤步左转马右膀手

21. 上马右摊手右正掌
22. 右斜上步右拍左打
23. 左斜上步连环冲拳
24. 撤步左转马左攫右打
25. 右转马左扱肘
26. 三角步左拂手
27. 撤步右护手左膀手左横撑脚
28. 踏步左转马右批肘
29. 右转马左低膀手
30. 右斜上步转身左摊手左直撑脚
31. 踏步撤打逼步连环拳（三次）
32. 左膀手右踏步双擒手左截踢
33. 右箭步、右伏左打
34. 右圈步转马上下耕手（三次）
35. 摆桩（左）
36. 收势

第一段　　　第二段　　　第三段

第四段　　　第五段　　　第六段

二、动作图解

1. 起势

南拳起势

（1）两脚并步站立，两手垂于身体两侧，掌心朝内。目视前方。（图4-1-1）

（2）承上势，两臂经体侧抬起向前平举至与肩同高，两臂与肩同宽，两掌掌心朝下。目视前方。（图4-1-2）

图4-1-1　　　图4-1-2

（3）承上势，两掌抓握成拳，随两臂屈肘收至胸前，两臂端平，拳面相对，拳心朝下。目视前方。（图4-1-3、图4-1-4）

图4-1-3　　　　图4-1-4

图4-1-5

（4）承上势，两臂外旋，两拳经上向前下挂击并顺势抱拳收回至腰两侧，拳心均朝上。目视左前方。（图4-1-5）

（5）承上势，两腿屈膝下蹲，随即蹬地跳起下落震脚。目视左前方。（图4-1-6、图4-1-7）

图4-1-6　　　　图4-1-7

（6）承上势，右脚向前方上步，左拳变掌与右拳同时上提至右肩前，左掌按于右拳拳面。目视右方。（图4-1-8）

图4-1-8

图4-1-9

（7）承上势，左脚向前迈出，脚尖点地成左虚步；同时，身体稍左转，左掌与右拳向前推出，高与胸平，两臂与肩同宽，左掌心朝前，右拳心朝下。目视前方。（图4-1-9）

（8）承上势，左掌抓握成拳，两拳屈肘回收至胸前，两臂端平，拳面相对；同时，左脚向后退步。目视前方。（图4-1-10）

图4-1-10

第四章　咏春拳段位技术学练与考核

（9）承上势，两拳以肘为轴，经上向前下挂击，同时右脚向后退步。目视前方。（图4-1-11）

图4-1-11

（10）承上势，双拳向前下挂击顺势回收至体侧，高与胸平，拳心朝上；同时，收左脚成并步抱拳站立。目视前方。（图4-1-12）

动作要点：起势要干净利索，要体现出南拳刚劲勇猛的特点。

图4-1-12

三敬礼

（1）右脚向前迈出成虚步；同时，左手立掌，右手立拳，双手相合向左前方推出，拳面朝前。目视左前方。（图4-1-13）

（2）承上势，步型不变，双手稍回收再向右前方推出，拳面朝前。目视右前方。（图4-1-14）

图4-1-13 　　图4-1-14

（3）承上势，步型不变，双手稍回收再向正前方推出，拳面朝前。目视前方。（图4-1-15）

动作要点：要恭敬肃穆。

图4-1-15

二字钳羊马

（1）右脚向后回收，与左脚并步站立；同时，双手握拳回收至体侧，高与胸平，拳心朝上。目视前方。（图4-1-16）

图4-1-16

（2）承上势，两腿屈膝下蹲，身体重心下沉，以脚跟为轴，两脚尖向外摆。目视前方。（图4-1-17、图4-1-18）

图4-1-17 　　图4-1-18

（3）承上势，以前脚掌为轴，脚跟贴地向外转出，形成两脚尖斜向内相对。目视前方。（图4-1-19）

动作要点：开马时必须以胯的开合运动带动膝盖与脚尖的开合动作，同时胯部须向前抽起，达到腰马合一。

图4-1-19

图4-1-20

摆桩

左拳变掌沿中线向前穿出，高与胸平。右手四指合并成竖掌势置于左臂肘关节附近，指尖朝上，距心窝一直掌距离，目视前方。（图4-1-20）

2. 上马左摊右打

右脚向前上步，左脚跟进；同时，左手向前摊手，掌心朝上，指尖朝前，右手握拳成日字拳向前冲出，拳面朝前。（图4-1-21、图4-1-21附图）

图4-1-21

图4-1-21附图

3. 撤步右转马左膀手

撤右步经左脚内侧向右平移一步，右脚尖朝右前方45°；同时，右拳变掌向下划弧成低膀手状，重心在左腿，左手摊手不变。承上势，以左脚前脚掌为轴内扣，脚尖朝右前方45°；同时，向右转身，左手向外向下划弧，右手向内向上划弧，双手滚动同时向右转马成右侧身马，右护手左低膀手，重心置于左腿，双膝内钳。（图4-1-22、图4-1-22附图）

图4-1-22　　　　图4-1-22附图

动作要点：转身和膀手要顺腰劲。

图4-1-23

4. 上马左摊手左正掌

（1）左膀手向外转动沉肘成摊手式；同时，重心右移左脚向右脚靠拢成并步。（图4-1-23）

（2）承上势，左脚向前方踏步，右脚随即跟进；同时，左摊手向内转成正掌向前推出，力达掌根，右护手置于左肘关节上方。（图4-1-24）

动作要点：左脚并步上马和摊手转正掌动作要连贯，一气呵成。

图4-1-24

第四章　咏春拳段位技术学练与考核

27

5. 左斜上步左拍右打

左脚向左前方上步，右脚随即跟进；同时，左手回收向右（前）侧横拍，右护手抓握成拳，从左手下方沿中线冲出，左掌在右肘上方。（图4-1-25）

动作要点：步法与手法动作须连贯流畅，攻防同动，双手形成合劲。

图4-1-25

6. 右斜上步连环冲拳

右脚向右前方45°踏步，左脚随即跟进；同时，左掌变拳向右前方冲出，收右拳于左肘内侧，接着再连环冲三拳。（图4-1-26~图4-1-29）

图4-1-26 　　　图4-1-27

图4-1-28 　　　图4-1-29

动作要点：动作衔接紧密，连环冲拳要快速有力。

注：承上势，接问手桩、三敬礼、收势。从起势至收势为一段段位单练套路技术内容。

7. 撤步右转马擸打

（1）右拳变右膀手，左拳变护手立于胸前，左右脚先后向后撤步。（图4-1-30）

（2）承上势，重心稍后移，身体右转；同时，右手经体前抓握向右侧下方抓带，停于体前右大腿上方，左护手变拳向前冲出，形成转马擸打。（图4-1-31）

动作要点：右转马、擸打同时完成。

图4-1-30　　　图4-1-31

8. 左转马右扱肘

重心右移，向左转马，双膝内钳，以左脚前脚掌为轴，左脚跟内转，身体向左转45°，右脚不动；同时，右臂弯曲，手掌放松，随体左转，右肘上抬经头右侧向左前下方劈盖至胸前，右手背贴于心窝处，左手回收成掌，掌背贴于右肘下，指尖朝前。目视前方。（图4-1-32、图4-1-32附图）

动作要点：扱肘借转马之势，以腰发力，上臂、前臂充分折叠。

图4-1-32　　　图4-1-32附图

9. 三角步右拂手

重心前移，左脚尖内扣向前踏步，右脚向内、向右划弧踏出三角步，身体右转，重心靠后；同时，右掌向右劈扫成拂手，左掌向右横拍立于右臂上方，掌心朝右，指尖朝上。目视前方。（图4-1-33）

动作要点：在做三角步动作过程中，转体90°，保持钳膝力。

图4-1-33

10. 撤步左护手右膀手右横撑脚

（1）撤左步，提右脚；同时，右手内旋向下划弧成膀手，左手成护手置于右胸前。目视右前方。（图4-1-34）

图4-1-34

（2）承上势，右脚向右前横撑踹出，力达脚跟。（图4-1-35）

动作要点：撑脚时，脚尖勾起，腿蹬直。

图4-1-35

11. 踏步右转马左批肘

（1）承上势，右脚向前落步，左脚随即跟进，重心保持在左腿。（图4-1-36）

图4-1-36

（2）身体右转，左臂屈肘向右前方横扫；同时，右手外旋沉肘成摊手，略高于左肘。目视左前方。（图4-1-37、图4-1-37附图）

动作要点：批肘借转马之势，以腰发力，上臂、前臂充分折叠。

图4-1-37　　图4-1-37附图

12. 左转马右低膀手

承上势，向左转马，重心在右腿，双膝内钳；同时，右手内旋向下划弧成低膀手，左手沉肘竖掌成护手，置于右胸前。（图4-1-38）

动作要点：膀手要顺转马之势，抛肘完成。

注：承上势，接问手桩、三敬礼、收势。从起势至收势为二段段位单练套路技术内容。

图4-1-38

第四章　咏春拳段位技术学练与考核

31

13. 左斜上步转身右摊手右直撑脚

（1）左脚尖内扣，向左前方上步，身体右转，提右脚；同时，右手外旋沉肘成摊手，掌心向上，指尖向前，左护手不变。目视前方。（图4-1-39）

图4-1-39

（2）承上势，右脚向前直撑蹬出，脚底朝前，力达脚跟。（图4-1-40）

动作要点：转身提右脚要稳，直撑蹬出时要力达脚跟。目视前方。

图4-1-40

14. 踏步揿打、逼步连环拳（三次）

（1）承上势，右脚向前落步，左脚随即跟进；同时，右掌向内旋下按，掌心朝下，指尖朝左，左掌变拳沿中线向前冲出。目视前方。（图4-1-41）

图4-1-41

（2）接着右脚向前上步，左腿跟进，再连环冲三拳。目视前方。（图4-1-42～图4-1-44）

动作要点：动作衔接紧密，连环冲拳要快速有力。

图4-1-42

图4-1-43

图4-1-44

15. 右膀手、左踏步双擒手右截踢

（1）左脚向前上步，双拳变掌，右掌内旋向下划弧成低膀手，左手沉肘竖掌成护手，置于右胸前。目视前方。（图4-1-45）

图4-1-45

（2）承上势，右手折肘，左手向前成双擒手，同时向右下方抓带；同时，提右脚向前下方截踢。（图4-1-46）

动作要点：双擒手和右截踢要形成交错劲。

图4-1-46

图4-1-47

16. 左箭步、左伏右打

（1）右脚向左脚内侧震脚落地，左腿向左前45°上步；同时，左掌变拳屈臂横置于胸前，右拳收于身体右侧。目视左前方。（图4-1-47）

（2）承上势，身体稍左转；同时，右拳向前冲拳，左拳变伏手伏于右手内侧。（图4-1-48）

动作要点：动作要连贯、协调。

图4-1-48

17. 左圈步转马上下耕手（三次）

（1）左脚向左后划弧，身体左转180°，接着以右脚跟为轴，脚尖内扣，重心在右腿；同时，左手成耕手下劈与腰平，右手向左前上方屈肘劈出，右掌高与鼻平，形成上下耕手。目视左前方。（图4-1-49）

图4-1-49

（2）承上势，连续二次转马，上下耕手随转马重心相互交换。（图4-1-50、图4-1-51）

动作要点：转身耕手要借腰马力。

图4-1-50　　图4-1-51

18. 摆桩（右）

身体向右转成正身马右问手桩站立。（图4-1-52）

注：承上势，接三敬礼、收势。从起势至收势为三段段位单练套路技术内容。

图4-1-52

第四章　咏春拳段位技术学练与考核

35

19. 上马右摊左打

左脚向前上步，右脚跟进；同时，右手向前摊手，掌心朝上，指尖朝前，左手握拳成日字拳向前冲出，拳面朝前。（图4-1-53）

图4-1-53

20. 撤步左转马右膀手

（1）左拳变掌向下划弧成低膀手状，重心在右腿，右手摊手不变。（图4-1-54）

图4-1-54

（2）承上势，撤左步经右脚内侧向左平移一步，左脚尖朝左前方45°；同时，以右脚前脚掌为轴，脚跟内扣，脚尖朝左前方45°，身体左转；同时，右手向外、向下划弧，左手向内、向上划弧，双手滚动同时向左转马成左侧身马左护手右低膀手，重心置于右腿，双膝内钳。（图4-1-55）

动作要点：转身和膀手要顺腰劲。

图4-1-55

21. 上马右摊手右正掌

（1）右膀手向外转动沉肘成摊手势；同时，重心左移，右脚向左脚靠拢成并步。（图4-1-56）

图4-1-56

（2）承上势，右脚向前方踏步，左脚随即跟进；同时，右摊手向内转成正掌向前推出，力达掌根，左护手置于右肘关节上方。（图4-1-57）

动作要点：右脚并步上马和摊手转正掌动作要连贯，一气呵成。

图4-1-57

22. 右斜上步右拍左打

右脚向右前方上步，左脚随即跟进；同时，右手回收向左侧横拍，左拳从右手下方沿中线冲出，右掌在左肘上方。（图4-1-58）

动作要点：步法与手法动作须连贯流畅，攻防同动，双手形成合劲。

图4-1-58

23. 左斜上步连环冲拳

左脚向左前方45°踏步，右脚随即跟进；同时，右掌变拳向左前方冲出，收左拳于右肘内侧，接着再连环冲三拳。（图4-1-59～图4-1-62）

动作要点：动作衔接紧密，连环冲拳要快速有力。

图4-1-59

图4-1-60

图4-1-61

图4-1-62

24. 撤步左转马左擸右打

（1）左拳变左膀手，右拳变掌，右左脚向后撤步。（图4-1-63）

（2）承上势，重心稍后移，身体左转；同时，左手经体前抓握向左侧下方抓带，停于体前左大腿上方，右掌变拳向前冲出，形成转马擸打。（图4-1-64）

图4-1-63 　　　　　　　图4-1-64

动作要点：左转马、擸打同时完成。

注：承上势，转身撤左脚，面向裁判长，按原地桩法（空桩）演练。摆桩、左转马左摊右打、右转马左膀手、正身马左摊手上步左正掌、左三角步左拍右打、右侧身马连环拳四次、右撤步右侧身马右擸打、左转马右低膀手、左三角步右拂手、撤步右膀手右横撑脚、右踏步右转马低膀手、左转马右低膀手、问手桩、三敬礼、收势。从起势至收势为四段段位单练套路技术内容。

25. 右转马左扱肘

重心左移，向右转马，双膝内钳，以左脚前脚掌为轴左脚跟外旋，以右脚前脚掌为轴右脚跟内转，身体右转45°；同时，左臂弯曲，手掌放松，左肘上抬经头左侧向右前下方劈盖至胸前，左手背贴于心窝处，右手回收，变拳成掌，掌背贴于左肘下，指尖朝前。目视前方。（图4-1-65）

动作要点：扱肘借转马之势，以腰发力，上臂、前臂充分折叠。

图4-1-65

26. 三角步左拂手

重心前移，右脚尖内扣向前踏步，左脚向内、向左划弧踏出三角步，身体左转，重心靠后；同时，左掌向左劈扫成拂手，右掌向左横拍立于左臂上方，掌心朝左，指尖朝上。目视前方。（图4-1-66）

动作要点：在做三角步动作过程中，转体90°，保持钳膝力。

图4-1-66

27. 撤步右护手左膀手左横撑脚

（1）撤右步，提左脚；同时，左手内旋向下划弧成膀手，右手成护手置于左胸前。目视左前方。（图4-1-67）

图4-1-67

（2）承上势，左脚向左前横撑踹出，力达脚跟。（图4-1-68、图4-1-69）

动作要点：撑脚时，脚尖勾起，腿蹬直。

图4-1-68 　　图4-1-69

28. 踏步左转马右批肘

承上势，左脚向前落步，右脚随即跟进，重心保持在右腿，身体左转；同时，右臂屈肘向左前方横扫，左手外旋沉肘成摊手略高于右肘。目视右前方。（图4-1-70）

动作要点：批肘借转马之势，以腰发力，上臂、前臂充分折叠。

图4-1-70

29. 右转马左低膀手

承上势，向右转马，重心在左腿，双膝内钳；同时，左手内旋向下划弧成低膀手，右手沉肘竖掌成护手，置于左胸前。（图4-1-71、图4-1-71附图）

动作要点：膀手要顺转马之势，抛肘完成。

图4-1-71　　图4-1-71附图

30. 右斜上步转身左摊手左直撑脚

（1）右脚尖内扣，向右前方上步，身体左转，提左脚；同时，左手外旋沉肘成摊手，掌心向上，指尖向前，右护手不变。目视前方。（图4-1-72、图4-1-73）

图4-1-72 　　图4-1-73

（2）承上势，左脚向前直撑蹬出，脚底朝前，力达脚跟。（图4-1-74、图4-1-74附图）

动作要点：转身提右脚要稳，直撑脚蹬出，力达脚跟。目视前方。

图4-1-74　　　　图4-1-74附图

注：承上势，转身落脚，面向裁判长，接原地桩法（空桩）演练。摆桩、原地演练左转马左摊右打、右转马左低膀手、正身马左摊手上步左正掌、左三角步左拍右打、右侧身马连环拳四次、右撤步右侧身马右擸打、左转马右低膀手、左三角步右拂手、撤步右膀手右横撑脚、右踏步右转马左低膀手、左转马右低膀手、正身马右摊手右直撑脚、右踏步右揿打连环三拳、右膀手左踏步双擒手右截踢、左转马伏打、上下耕手三次、摆桩、右转马右摊左打、左转马右膀手、正身马摊手上步左正掌、左三角步右拍左打、左侧身马连环拳、问手桩、三敬礼、收势。从起势至收势为五段段位单练套路技术内容。

31. 踏步揿打逼步连环拳（三次）

（1）承上势，左脚向前落步，右脚随即跟进；同时，左掌向内旋下按，掌心朝下，指尖朝右，右掌变拳沿中线向前冲出。目视前方。（图4-1-75）

图4-1-75

（2）接着左脚向前上步，右脚跟进，再连环冲三拳。目视前方。（图4-1-76～图4-1-78）

动作要点：动作衔接紧密，连环冲拳要快速有力。

图4-1-76

图4-1-77

图4-1-78

32. 左膀手右踏步双擒手左截踢

（1）右脚向前上步，双拳变掌，左掌内旋向下划弧成低膀手，右手沉肘竖掌成护手，置于左胸前。目视前方。（图4-1-79）

图4-1-79

（2）承上势，左手折肘，右手向前成双擒手，同时向左下方抓带，上动不停，接着提左脚向前下方左截踢。（图4-1-80、图4-1-81）

动作要点：双擒手和左截踢要形成交错劲。

图4-1-80

图4-1-81

图4-1-82

33. 右箭步、右伏左打

（1）左脚向右脚内侧震脚落地；同时，右掌变拳屈臂横置于胸前，左拳收于身体左侧。（图4-1-82）

（2）承上势，身体右转，右脚向右前45°上步；同时，左拳向前冲拳，右拳变伏手伏于左手内侧。（图4-1-83）

动作要点：动作要连贯、协调。

图4-1-83

34. 右圈步转马上下耕手（三次）

（1）右脚向右后划弧，身体右转180°，接着以左脚跟为轴，脚尖内扣，重心在左腿；同时，右手成耕手下劈与腰平，左手向右前上方屈肘劈出，左掌高与鼻平，形成上下耕手。目视右前方。（图4-1-84）

图4-1-84

图4-1-85　　图4-1-86

（2）承上势，连续两次转马上下耕手，随转马重心相互交换。（图4-1-85、图4-1-86）

动作要点：转身耕手要借腰马力。

35. 摆桩（左）

身体向左转成正身马左问手桩站立。（图4-1-87）

图4-1-87

第四章　咏春拳段位技术学练与考核

45

36. 收势

三敬礼

（1）右脚向前迈出成虚步；同时，左手立掌，右手立拳，双手相合向左前方推出，拳面朝前。目视左前方。（图4-1-88）

图4-1-88

图4-1-89

（2）承上势，步型不变，双手稍回收再向右前方推出，拳面朝前。目视右前方。（图4-1-89）

（3）承上势，步型不变，双手稍回收再向正前方推出，拳面朝前。目视前方。（图4-1-90）

动作要点：要恭敬肃穆。

图4-1-90

立正

（1）承上势，左掌抓握成拳，两拳屈肘回收至胸前，两臂端平，拳面相对；同时，左脚向后退步。目视前方。（图4-1-91）

图4-1-91

图4-1-92

（2）承上势，两拳以肘为轴，经上向前下挂击；同时，右脚向后退步。目视前方。（图4-1-92）

（3）承上势，双拳向前下挂击顺势回收于腰间，拳心朝上；同时，收左脚成并步抱拳站立。目视前方。（图4-1-93）

动作要点：收势要干净利索，要体现出南拳刚劲勇猛的特点。

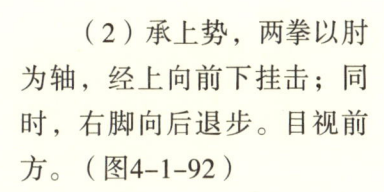

图4-1-93

第四章　咏春拳段位技术学练与考核

（4）两拳变掌，垂放于身体两侧，手心朝内，抬头挺胸，下颌微收。目视前方。（图4-1-94）

动作要点：抬头挺胸，松肩。精神集中。

注：从起势至此收势为六段段位单练套路技术内容。

图4-1-94

1. 起势

三敬礼

第二节
咏春拳木人桩段位技术图解

图4-2-1

（1）面对木人桩约50厘米距离，两脚并步自然站立，两手垂于身体两侧，掌心朝内。两眼平视前方。（图4-2-1）

（2）承上势，右脚上前半步，两腿微屈；同时，左手立掌，右手立拳，双手相合向左前方推出，拳面朝前。目视左前方。（图4-2-2）

图4-2-2

图4-2-3

（3）承上势，步型不变，双手稍回收再向右前方推出，拳面朝前。目视右前方。（图4-2-3）

（4）承上势，步型不变，双手稍回收再向正前方推出，拳面朝前。目视前方。（图4-2-4）

动作要点：要恭敬肃穆。

图4-2-4

第四章 咏春拳段位技术学练与考核

49

二字钳羊马

（1）右脚向后回收，与左脚并步站立；同时，双手握拳回收至体侧，高与胸平，拳心朝上。目视前方。（图4-2-5）

图4-2-5

图4-2-6

（2）承上势，两腿屈膝下蹲，身体重心下沉。（图4-2-6）

（3）承上势，以脚跟为轴，两脚尖向外摆。目视前方。（图4-2-7）

图4-2-7

（4）以前脚掌为轴，脚跟贴地向外转出，形成两脚尖斜向内相对。目视前方。（图4-2-8）

动作要点：开马时必须以胯的开合运动带动膝盖与脚尖的开合动作，同时胯部须向前抽起，达到腰马合一。身体适度放松，中正安舒。

图4-2-8

摆桩（左）

左拳变掌沿中线向前穿出，高与胸平，右手四指合并成竖掌势，指尖朝上，距心窝一直掌距离，置于左臂肘关节内侧附近。目视前方。（图4-2-9）

动作要点：要求三尖对照，沉劲凝神。

图4-2-9

2. 左转马左摊右打

重心右移，右脚不动，以左脚前脚掌为轴，左脚跟内转，身体左转45°；同时，左手向前摊格右上桩手内门，掌心朝上，指尖朝前，右手握拳成日字拳沿中线从上桩手中间向前冲出，拳面朝前。击打桩身头部，目视桩身头部。（图4-2-10）

动作要点：摊手有向前、向外旋拨与撑劲，右日字冲拳要有沉劲，借助转体之惯性。

图4-2-10

第四章 咏春拳段位技术学练与考核

3. 右转马左膀手

承上势，两脚分别以前脚掌为轴，左脚尖内扣向右转马，重心置于左腿，双膝内钳；同时，左手内旋滚动向下划弧抛出成膀手，置于右桩手外门，右手自然立掌成护手，立于胸前。目视桩身头、臂。（图4-2-11）

动作要点：膀手主用于消解对方冲压之力，只可柔化，不可抗力，要与转体协调配合。

图4-2-11

4. 正身马左摊手上步左正掌

（1）左膀手沉肘外旋成摊手式，摊格右桩手内门；同时，重心右移，左脚向右脚靠拢成并步，目视桩身头部。（图4-2-12）

图4-2-12

（2）承上势，左脚向前方踏步，小腿外侧紧靠桩脚左侧，右脚随即跟进；同时，左摊手向内转成正掌向前推出，力达掌根。右护手置于左肘关节内侧上方。（图4-2-13）

动作要点：左脚并步上马和摊手转正掌动作要连贯，一气呵成，掌根发力印入桩身。

图4-2-13

5. 左三角步左拍右打

（1）承上势，左脚经右脚内侧向左横开一步绕开桩脚，撤于桩脚右侧，身体略右转；同时，左手屈肘立掌向右横拍右桩手外门。目视桩手。（图4-2-14）

图4-2-14

（2）承上势，右脚经左脚内侧向右前方划弧圈步斜上马，小腿外侧紧靠桩脚右侧，左脚随即跟进；同时，右掌变日字拳攻击桩胸，目视桩身头、胸。（图4-2-15）

动作要点：撤步绕进，拍手冲拳要协调一致，日字冲拳以肘催力。

图4-2-15

6. 右侧身马连环拳（四次）

承上势，脚步不变，快速做左右连环冲四拳，击打桩身头部，目视桩身头部。（图4-2-16～图4-2-19）

图4-2-16 　　图4-2-17

第四章　咏春拳段位技术学练与考核

动作要点：左右连环日字冲拳须注意埋肘，沉肩坠肘，以肘部发力带一定沉劲，要快速流畅，臂要伸直。

图4-2-18　　　　图4-2-19

7. 右撤步右侧身马右攦打

承上势，右脚经左脚内侧向右横开一步，重心在左，左脚随即跟上，身体右转落马；同时，右手内旋扣攦左桩手，左拳发肘底力黐住右桩手，从外门桥上冲击桩身头部，目视桩身头部。（图4-2-20）

动作要点：冲拳时有拧、裹、旋、沉、迫、直之劲，黐住桩手。

图4-2-20

8. 左转马右低膀手

承上势，两脚分别以前脚掌为轴，右脚尖内扣向左转马；同时，右手内旋滚动前抛成右低膀手削格下桩手，左手自然成护手状置于胸前，目视桩身。（图4-2-21）

动作要点：膀手主用于消解对方冲压之力，只可柔化，不可抗力，要与转体协调配。

图4-2-21

咏春拳

54

9. 左三角步右拂手

承上势，重心前移，左脚尖内扣向前踏步，右脚经左脚内侧向右前方斜绕上步，封住桩脚右侧，小腿外侧紧靠桩脚右侧，左脚随即跟进，身体右转，重心靠后；同时，右掌成拂手向右横劈扫桩身右侧，左掌向右横拍右桩手外门，立于右臂上方，目视右手。（图4-2-22）

动作要点：进步、拍手、拂手协调一致，充分利用闪进步的动势。

图4-2-22

图4-2-23

10. 撤步右膀手右横撑脚

（1）承上势，撤左步，后收右脚；同时，右手内旋向下划弧成膀手，左手成护手置于右胸前。目视桩身中上部。（图4-2-23）

（2）承上势，上肢姿势不变，右膝上提成膀脚状，目视桩身中上部。（图4-2-24）

图4-2-24

（3）承上势，上肢姿势不变，右脚向桩腰撑踹，力达脚跟，目视桩身。（图4-2-25）

动作要点：撑脚时，脚尖勾起，腿蹬直。身体要稳，尽量不后倒。

图4-2-25

11. 右踏步右转马左低膀手

（1）承上势，身体下沉，右脚向右侧落步，上肢姿势不变，目视桩之低手。（图4-2-26）

图4-2-26

（2）承上势，左脚随即跟进，重心保持在左腿，左脚略上半步，身体右转；同时，左手内旋滚动前抛成低膀手削格下桩手，右手屈肘由左向上外旋划弧成护手，置于胸前，目视桩身。（图4-2-27）

动作要点：横撑脚踢出去后不收，直接向右侧踏地，膀手主用于消解对方冲压之力，只可柔化，不可抗力，要与转体协调配合。

图4-2-27

12. 左转马右低膀手

承上势，两脚分别以前脚掌为轴，右脚尖内扣向左转马；同时，右手内旋滚动前抛成右低膀手削格下桩手，左手屈肘内旋由下向上划弧侧立掌成护手立于胸前，目视桩身。（图4-2-28）

动作要点：膀手主用于消解对方冲压之力，只可柔化，不可抗力，要与转体协调配合。

图4-2-28

图4-2-29

13. 正身马右摊手右直撑脚

（1）承上势，左脚收回与右脚并步，身体略右转，上肢姿势保持不变，目视桩身。（图4-2-29）

（2）承上势，右手外旋由下向上、向前摊格左桩手内门，左护手立于胸前；同时，右脚屈膝上提成摊脚状，目视桩身。（图4-2-30）

图4-2-30

第四章　咏春拳段位技术学练与考核

（3）承上势，右脚向前直撑，蹬击桩身中部，目视桩头。（图4-2-31）

动作要点：上面三个分式要协调一致，一气呵成，蹬腿力达脚跟。

图4-2-31

14. 右踏步右揿打

承上势，右脚在桩脚左侧落步，小腿紧贴桩脚左侧，左脚随即跟进；同时，右手内旋向下揿按下桩手，左手成日字冲拳击打木人桩头部，目视桩头。（图4-2-32）

动作要点：落脚向左斜进，紧闭桩脚，形成上下一体的攻击。

图4-2-32

15. 连环三拳

（1）承上势，步法不变，右手成日字冲拳击打桩身头部，左拳收回于右手肘内侧。目视桩头。（图4-2-33）

图4-2-33

（2）承上势，连续不停左、右日字连环冲拳击打桩身头部，目视桩头。（图4-2-34、图4-2-35）

动作要点：日字冲拳借助踏步前进之势，连环三拳要一气呵成。

图4-2-34

图4-2-35

图4-2-36

16. 右膀手左踏步双擒手右截踢

（1）承上势，重心在后，右手内旋向后、向下、向前抛出成膀手，格击右桩手内门，左护手立于胸前，目视桩手。（图4-2-36）

（2）承上势，左脚斜向左前方上步，上体略右转姿势不变，目视桩身。（图4-2-37）

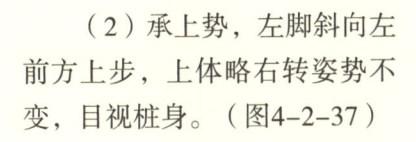

图4-2-37

（3）承上势，右手屈臂外旋，手心向下扣拉右桩手前端，左手垂肘，手心向上，扣拉右桩手后端；同时，右腿屈膝提起，屈踝外旋，目视桩身。（图4-2-38）

图4-2-38

图4-2-39

（4）承上势，两手肘旋拉带，右脚向桩脚中部踩击，目视桩身。（图4-2-39）

动作要点：动作协调，顺畅。双擒手与蹬截要形成一个相对挣劲，要有沉劲。

17. 左转马伏打

（1）承上势，右脚向右踏步；同时，右手成日字拳屈肘收于右胸前，左手屈肘斜放于胸前，目视桩身。（图4-2-40）

图4-2-40

（2）承上势，两脚分别以脚跟为轴，右脚尖内扣向左转马；同时，左手成伏置于右桩手内门，右手以日字冲拳从桩手中间冲出击打桩身头部，目视桩身。（图4-2-41）

动作要点：转体、伏手日字冲拳要协调一致，一气呵成。

图4-2-41

18. 上下耕手（三次）

（1）承上势，两脚分别以脚跟为轴，左脚尖内扣向右转马，右拳变掌，左手在上，右手在下，右手臂内旋向右下劈击下桩手，左手外旋向右劈击右桩手外门，目视桩身头部。（图4-2-42）

图4-2-42

（2）承上势，两脚分别以脚跟为轴，右脚尖内扣，向左转马，左手在下，右手在上，右手臂外旋向左劈击左桩手外门，左手内旋向左下劈击下桩手，目视桩身头部。（图4-2-43）

图4-2-43

第四章 咏春拳段位技术学练与考核

（3）承上势，两脚分别以脚跟为轴，左脚尖内扣，向右转马，右手在下，左手上，右手臂内旋向右下劈击下桩手，左手外旋向右劈击右桩手外门，目视桩身头部。（图4-2-44）

动作要点：耕手要充分与转体协同，注意肘劲，三次耕手要轻灵沉稳。

图4-2-44

19. 摆桩（右）

承上势，左转成正身马，右掌沿中线向前穿出，高与胸平；同时，左手四指合并成竖掌势，置于右臂肘关节附近。指尖朝上，距心窝一直掌距离，目视前方。（图4-2-45）

动作要点：要求三尖对照，沉劲凝神。目视前方。

图4-2-45

20. 右转马右摊左打

重心左移，左脚不动，以右脚前脚掌为轴右脚跟内转，身体右转45°；同时，右手向前摊格左桩手内门，掌心朝上，指尖朝前，左手握拳成日字拳沿中线从上桩手中间向前冲出，拳面朝前，击打桩身头部，目视桩身头部。（图4-2-46）

动作要点：摊手有向前、向外旋拨与撑劲，左日字冲拳要有沉劲，借助转体之惯性。

图4-2-46

21. 左转马右膀手

承上势，两脚分别以前脚掌为轴，右脚尖内扣，向左转马，重心置于右腿，双膝内钳；同时，右手内旋滚动向下划弧抛出成膀手，置于左桩手外门，左手自然立掌成护手，立于胸前。目视桩身头、臂。（图4-2-47）

动作要点：膀手主用于消解对方冲压之力，只可柔化，不可抗力，要与转体协调配合。

图4-2-47

22. 正身马右摊手上步右正掌

（1）右膀手沉肘外旋成摊手式，摊格左桩手内门，同时重心左移，右脚向左脚靠拢成并步，目视桩身头部。（图4-2-48）

图4-2-48

（2）承上式，右脚向前方踏步，小腿外侧紧靠桩脚右侧，左脚随即跟进；同时，右摊手向内转成正掌向前推出，力达掌根，左护手置于右肘关节内侧上方。（图4-2-49）

动作要点：右脚并步上马和摊手转正掌动作要连贯，一气呵成。掌根发力印入桩身。

图4-2-49

第四章 咏春拳段位技术学练与考核

23. 右三角步右拍左打

承上势，右脚经左脚内侧向右横开一步绕开桩脚，撤于桩脚左侧，身体略左转；同时，右手屈肘立掌向左横拍左桩手外门，随即左脚经右脚内侧向左前方划弧圈步斜上马，小腿外侧紧靠桩脚左侧，右脚随即跟进，左掌变日字冲拳攻击桩胸，目视桩身头、胸。（图4-2-50）

动作要点：撤步绕进、拍手冲拳要协调一致，日字冲拳以肘催力。

图4-2-50

24. 左侧身马连环拳（四次）

承上势，脚步不变，快速以右左连环冲拳击打桩身头部四次，目视桩身头部。（图4-2-51～图4-2-54）

动作要点：右左连环日字冲拳，以肘部发力带一定沉劲，要快速沉雄，臂要自然伸直。

图4-2-51 　　　　　　　　图4-2-52

图4-2-53

图4-2-54

25. 左撤步左侧身马左攞打

承上势，左脚经右脚内侧向左横开一步，重心在右，右脚随即跟上，身体左转落马；同时，左手内旋扣攞右桩手，右拳发肘底力黐住左桩手，从外门桥上冲击桩身头部，目视桩身头部。（图4-2-55）

动作要点：冲拳时有拧、裹、旋、沉、迫、直之劲，黐住桩手。

图4-2-55

26. 右转马左低膀手

承上势，两脚分别以前脚掌为轴，左脚尖内扣向右转马；同时，左手内旋滚动前抛成左低膀手削格下桩手，右手自然成护手状置于胸前，目视桩身。（图4-2-56）

动作要点：膀手主用于消解对方冲压之力，只可柔化，不可抗力，要与转体协调配合，略带沉劲。

图4-2-56

27. 右三角步左拂手

承上势，重心前移，右脚尖内扣向前踏步，左脚经右脚内侧向左前方斜绕上步，封住桩脚左侧，小腿外侧紧靠桩脚左侧，右脚随即跟进，身体左转，重心靠后；同时，左掌成拂手向左横劈扫桩身左侧，右掌向左横拍左桩手外门，立于左臂内侧上方，目视左手。（图4-2-57）

动作要点：进步、拍击、拂手协调一致，一气呵成，充分利用闪进步的动势。

图4-2-57

28. 撤步左膀手左横撑脚

承上势，撤右步，提左脚；同时，左手内旋向下划弧成膀手，右手成护手置于胸前；上肢不变，左膝上提成膀脚状，随即向桩腰撑踹，力达脚跟，目视桩身。（图4-2-58）

动作要点：横撑脚以脚跟为发力点，身体要稳，尽量不后倒。

图4-2-58

29. 左踏步左转马右低膀手

承上势，身体下沉，左脚向左侧落步，右脚随即跟进，重心保持在右腿，随即右脚略上半步，身体左转；同时，右手内旋滚动前抛成低膀手削格下桩手，左手屈肘由下向上外旋划弧成护手，置于胸前，目视桩身。（图4-2-59）

动作要点：横撑脚踢出去后不收，直接向左侧踏地，膀手主用于消解对方冲压之力，只可柔化，不可抗力，要与转体协调配合。

图4-2-59

30. 右转马左低膀手

承上势，两脚分别以脚跟为轴，左脚尖内扣，右脚尖外展，身体右转；同时，左手内旋滚动前抛成左低膀手削格下桩手，右手屈肘由下向上外旋划弧侧立掌成护手立于胸前，目视桩身。（图4-2-60）

动作要点：膀手主用于消解对方冲压之力，只可柔化，不可抗力，要与转体协调配合。

图4-2-60

图4-2-61

31. 正身马左摊手左直撑脚

（1）承上势，左脚收回与右脚并步，身体略左转，上肢姿势保持不变，目视桩身。（图4-2-61）

（2）承上势，左手外旋由下向上、向前摊格右桩手内门；同时，左脚屈膝上提成摊脚状，右护手立于胸前；随即左脚向前直撑蹬击桩身右侧中部，目视桩头。（图4-2-62）

动作要点：上面两个分式要协调一致，一气呵成，蹬腿力达脚跟。

图4-2-62

32. 左踏步左揿连环三拳

（1）承上势，左脚在桩脚右侧落步，小腿紧贴桩脚右侧，右脚随即跟进；同时，左手内旋向下揭按下桩手，右手成日字冲拳击打桩身头部，目视桩头。（图4-2-63）

图4-2-63

（2）承上势，步法不变，左手成日字冲拳击打桩身头部，右拳收回于左手肘处护卫；承上势，连续不停右、左日字连环冲拳击打桩身头部，目视桩头。（图4-2-64～图4-2-66）

动作要点：落脚向左斜进紧闭桩脚，形成上下一体的攻击。日字冲拳借助踏步前进之势，连环三拳要一气呵成。

图4-2-64

图4-2-65

图4-2-66

33. 左膀手右踏步双擒手左截踢

承上势，重心在后，左手内旋向后、向下、向前抛出成膀手，置于左桩手内门，右护手立于胸前，随即右脚斜向右前方上步，上体略左转，姿势不变，左手屈臂外旋，手心向下扣擸左桩手前端，右手垂肘扣腕，手心向上扣擸左桩手后端；右腿提起屈膝屈踝外旋，两手肘旋擸带，左脚向桩脚中部踩击，目视桩身。（图4-2-67）

动作要点：动作协调，顺畅。双擒手与蹬截要形成一个相对挣劲，要有沉劲。

图4-2-67

34. 右转马伏打

承上势，左脚向左踏步；左手成日字拳屈肘收于右胸前，右手屈肘斜放于胸前，两脚分别以脚跟为轴，左脚尖内扣向右转马；右手成伏置于左桩手内门，左手以日字冲拳从桩手中间冲出击打桩身头部，目视桩身。（图4-2-68）

动作要点：转体、伏手採化、日字冲拳要协调一致，一气呵成。

图4-2-68

35. 上下耕手（三次）

（1）承上势，两脚分别以脚跟为轴，右脚尖内扣向左转马，左拳变掌，右手在上，左手在下，左手臂内旋向左下劈击下桩手，右手外旋向左劈击左桩手外门，目视桩身头部。（图4-2-69）

图4-2-69

（2）承上势，两脚分别以脚跟为轴，左脚尖内扣向右转马；同时，左手在上，左臂外旋向右劈击右桩手外门，右手在下，右臂内旋向右下劈击下桩手，目视桩身头部。（图4-2-70）

图4-2-70

（3）承上势，两脚分别以脚跟为轴，右脚尖内扣向左转马；同时，左手在下，左臂内旋向左下劈击下桩手，右手在上，右臂外旋向左劈击左桩手外门，目视桩身头部。（图4-2-71）

动作要点：耕手要充分与转体协同，注意肘劲，三次耕手要轻灵沉稳。

图4-2-71

36. 收势

摆桩（左）

身体转正；同时，左掌沿中线向前穿出，高与胸平，右手四指合并成竖掌势置于左臂肘关节内侧，指尖朝上，距心窝一直掌距离，目视前方。（图4-2-72）

动作要点：要求三尖对照，沉劲凝神。

图4-2-72

三敬礼

（1）承上势，右脚上前半步，两腿微屈；同时，左手立掌，右手立拳，双手相合向左前方伸出，拳面朝前，目视左前方。（图4-2-73）

图4-2-73

（2）承上势，步型不变，双手稍回收再向右前方推出，拳面朝前，目视右前方。（图4-2-74）

图4-2-74

（3）承上势，步型不变，双手稍回收再向正前方推出，拳面朝前，目视前方。（图4-2-75）

动作要点：要恭敬肃穆。

图4-2-75

第四章 咏春拳段位技术学练与考核

71

立正

（1）承上势，右脚收回并步自然站立，两手分别回收于腋下与胸平，双肘后夹，双拳离身体约一指距离，目视前方。（图4-2-76）

图4-2-76

（2）承上势，两手变掌自然垂于身体两侧，掌心朝内，两眼平视前方。（图4-2-77）

图4-2-77

第三节
咏春拳黐手段位技术图解

一、单黐手技术图解

（一）圈手训练

A：摊手 ⟶ 外圈手 ⟶ 伏手

B：伏手 ⟶ 内圈手 ⟶ 摊手

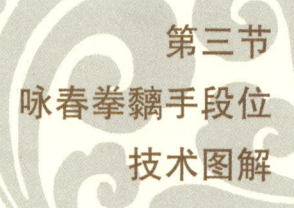

起势——开二字钳羊马（红色衣服为甲，蓝色衣服为乙）

（1）甲乙两脚并步站立，两臂垂于身体两侧，手心朝内，抬头挺胸，下颌微收，目视对方。（图4-3-1）

图4-3-1

（2）承上势，甲乙双手握拳收于腋下与胸平，双肘后夹，双拳离身体约一指距离，目视对方。（图4-3-2）

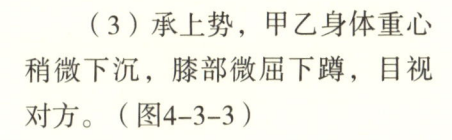

图4-3-2

（3）承上势，甲乙身体重心稍微下沉，膝部微屈下蹲，目视对方。（图4-3-3）

图4-3-3

第四章　咏春拳段位技术学练与考核

（4）甲乙以双脚跟为轴心，脚尖尽量外摆，双膝尽量向外张开，目视对方。（图4-3-4）

图4-3-4

（5）甲乙承上势，甲乙以前脚掌为轴心，将脚跟贴地向外转出，形成两脚尖斜向内相对，目视对方。（图4-3-5）

动作要领：为了避免膝关节疲劳，开马时必须以胯的开合运动带动膝盖与脚尖的开合动作，同时胯部要向前抽起，达到腰马合一。

图4-3-5

A：甲：摊手 —→ 外圈手 —→ 伏手
　　乙：伏手 —→ 伏　手 —→ 摊手

（1）甲摊手、乙伏手：甲右手于内门做摊手，乙左手于外门做伏手，两手腕相交，双方皆向前挤占中线。（图4-3-6）

动作要领：肘部靠中，力由肘发，以腰马支持上肢，身体保持正直。

图4-3-6

（2）甲外圈手、乙伏手：承上势，甲手腕下压，掌心朝前，指尖朝下，手腕用力向外、向上划弧，乙伏手不变。（图4-3-7）

动作要领：肘部靠中，完全以手腕做运动，切勿因强调用力而造成挑肩架肘。圈手时要贴住对方臂腕。

图4-3-7

（3）甲伏手、乙摊手：承上势，甲右手向里划弧于外门做伏手，乙左手于内门做摊手，两手腕相交，双方皆向前挤占中线。（图4-3-8）

动作要领：肘部靠中，力由肘发，以腰马支持上肢，身体保持正直。

图4-3-8

B：甲：伏手 —— 内圈手 —— 摊手
　　乙：摊手 —— 外圈手 —— 伏手

（1）甲伏手、乙摊手：甲右手于外门做伏手，乙左手于内门做摊手，两手腕相交，双方皆向前挤占中线。（图4-3-9）

动作要领：肘部靠中，力由肘发，以腰马支持上肢，身体保持正直。

图4-3-9

第四章　咏春拳段位技术学练与考核

（2）甲内圈手、乙外圈手：承上势，甲伏手以肘底劲稍微前逼，同时手腕内旋划弧手背朝前，指尖朝下，乙顺势手腕下压成昂掌，指尖朝下，手腕用力向外、向上划弧。（图4-3-10）

动作要领：肘部归中，完全以手腕做运动，切勿因强调用力而造成挑肩架肘。圈手时要贴住对方臂腕。

图4-3-10

（3）甲摊手、乙伏手：承上势，甲右手于内门做摊手，乙左手于外门做伏手，两手腕相交，双方皆向前挤占中线。（图4-3-11）

动作要领：肘部靠中，力由肘发，以腰马支持上肢，身体保持正直。

图4-3-11

（二）摊膀伏训练

| 摊膀伏训练 ||
甲	乙
1 摊手	伏手
2 正掌	枕手
3 膀手	冲拳
4 摊手	伏手

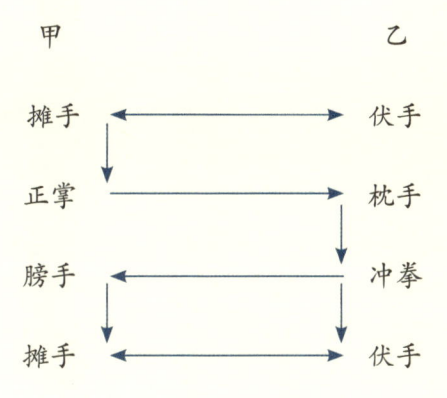

```
     甲                      乙
   摊手  ←─────────→  伏手
         │
   正掌  ─────────────→  枕手
                            │
   膀手  ←─────────────  冲拳
         │
   摊手  ←─────────→  伏手
```

（1）起势：甲乙二字钳羊马起势。（图4-3-12）

图4-3-12

（2）甲摊手、乙伏手：承上势，甲右手于内门做摊手，乙左手于外门做伏手，两手腕相交，双方皆向前挤占中线。目视对方。（图4-3-13）

动作要领：肘部靠中，力由肘发，以腰马支持上肢，身体保持正直。

图4-3-13

（3）甲正掌、乙枕手：承上势，甲以正掌沿中线进攻乙，乙以枕手向前拦截甲右前臂，目视对方。（图4-3-14）

动作要领：枕手力达前臂尺骨，肘部靠中，力由肘发，以腰马支持上肢，枕手于外侧暗含进攻甲中线之意。

图4-3-14

（4）乙日字冲拳、甲膀手：承上势，乙左枕手变日字冲拳沿中线进攻甲，甲用右膀手拦截乙左前臂。目视对方。（图4-3-15）

动作要领：枕手变日字冲拳，以肘部发力，推拳而出，非以拳带动；沉肩坠肘，直线发拳，勿向下按。膀手拦截时要滚动前臂，以滚圆的动作将对方的直线进攻带偏。

图4-3-15

（5）甲摊手、乙伏手：承上势，甲右膀手变摊手，乙左拳变伏手，两手腕相交，双方皆向前挤占中线。目视对方。（图4-3-16）

动作要领：肘部靠中，力由肘发，以腰马支持上肢。

图4-3-16

（三）外圈手冲拳训练

外圈手冲拳训练		
	甲	乙
1	摊手	伏手
2	正掌	枕手
3	外圈手冲拳	膀手
4	伏手	摊手

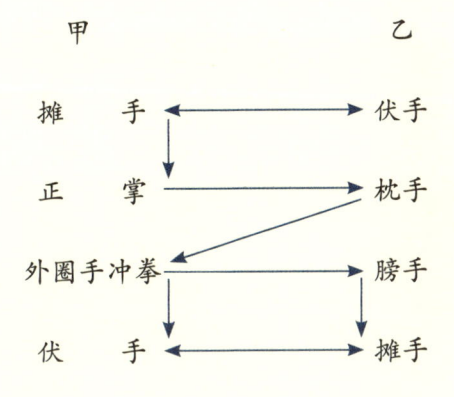

甲　　　　　　　乙

摊　手　←——→　伏手
　　↓
正　掌　——→　枕手
　　　　　　　↙
外圈手冲拳　——→　膀手
　　↓　　　　　↓
伏　手　←——　摊手

（1）起势：甲乙二字钳羊马起势。（图4-3-17）

图4-3-17

（2）甲摊手、乙伏手：承上势，甲右手于内门做摊手，乙左手于外门做伏手，两手腕相交，双方皆向前挤占中线。目视对方。（图4-3-18）

动作要领：肘部靠中，力由肘发，以腰马支持上肢，身体保持正直。

图4-3-18

图4-3-19

（3）甲正掌、乙枕手：承上势，甲以正掌沿中线进攻乙，乙以枕手向前拦截甲右前臂。目视对方。（图4-3-19）

动作要领：枕手力达前臂尺骨，肘部靠中，力由肘发，以腰马支持上肢，枕手于外侧暗含进攻甲中线之意。

（4）甲圈手冲拳、乙膀手：承上势，甲手腕下压，掌心朝前，指尖朝下，手腕用力向外、向上划弧，置于乙枕手外门。上动不停，甲继续以日字冲拳沿中线进攻乙，乙枕手内旋滚动用左膀手拦截甲右前臂。目视对方。（图4-3-20、图4-3-21）

动作要领：肘部靠中，完全以手腕做运动，切勿因强调用力而造成挑肩架肘。甲以肘部发力，推拳而出，非以拳带动；沉肩坠肘，直线发拳，勿向下按。乙上臂向前，滚动前臂，以滚圆的动作将对方的直线进攻带偏。

图4-3-20　　图4-3-21

（5）甲伏手、乙摊手：承上势，甲右拳变伏手置于乙外门，乙左膀手外旋沉肘变摊手置于甲右伏手内门，两手腕相交，双方皆向前挤占中线。目视对方。（图4-3-22、图4-3-23）

动作要领：肘部靠中，力由肘发，以腰马支持上肢，身体保持正直。

图4-3-22 　　　　　　　　　　图4-3-23

收桩

（1）承上势，甲乙双手握拳收于腋下与胸平，双肘后夹，双拳离身体约一指距离，甲收左脚，乙收收右脚成并步站立。目视对方。（图4-3-24、图4-3-25）

图4-3-24 　　　　　　　　　　图4-3-25

（2）甲向左、乙向右同时转身。（图4-3-26）

图4-3-26

三敬礼

（1）承上势，甲乙右脚向前迈步；同时，左手立掌，右手立拳，双手相合向左前方推出。目视左前方。（图4-3-27）

图4-3-27

（2）承上势，甲乙步型不变，双手稍回收再向右前方推出，拳面朝前。目视右前方。（图4-3-28）

图4-3-28

（3）承上势，甲乙步型不变，双手稍回收再向正前方推出，拳面朝前。目视前方。（图4-3-29）

动作要领：要恭敬肃穆。

图4-3-29

收势

（1）甲乙同时左掌变拳，两手抱拳回收至体侧，拳心朝上，高与胸平；同时，右脚回收成并步站立。目视前方。（图4-3-30）

图4-3-30

（2）甲乙两拳变掌，垂放于身体两侧，手心朝内。抬头挺胸，下颌微收。目视前方。（图4-3-31）

动作要领：挂拳要干净利落。立正姿势要挺胸、松肩，下颌微收。

图4-3-31

二、双黐手技术图解

（一）双黐手训练

双黐手练习		
	甲	乙
1	左伏手右膀手盘手三次	右摊手左伏手盘手三次
2	右转马左膀手右护手	右上步左拍手右冲拳
3	右摊手左冲拳	退步右膀手左冲拳
4	左上步右拍手左冲拳	转马左枕手右冲拳
5	左上步左拦手右正掌	双撤手
6	内门右日字冲拳	右撤手左冲拳
7	右转马右摊手左横掌	正身马左撤手右冲拳
8	落马右滚手	右转马左上右下耕手
9	左转马左滚手	左上右下耕手
10	左侧身左撇手右拂手	左上步左顶肘右冲拳
11	右后撤步左脱手	
12	左上步右伏手左冲拳	左转马右膀手
13	左双擒手	右膀手左冲拳
14	左截踢	左圈脚摊脚
15	左斜上步右膀脚	左摊手左直撑脚
16	右膀手右横撑脚	左枕手左摊脚
17	左转马左扱肘	左斜上步右扱肘
18	左转马左摊手右批肘	右转马右摊手左批肘
19	右摊手左伏手	左伏手右膀手

起势（红色衣服为甲、蓝色衣服为乙）

甲乙两人相距横向一臂距离并步站立，两手垂放于身体两侧，手心朝内，抬头挺胸，下颌微收。目视前方。（图4-3-32）

图4-3-32

三敬礼

（1）承上势，甲乙右脚向前迈步；同时，左手立掌，右手立拳，双手相合向左前方推出，拳面朝前。目视左前方。（图4-3-33）

图4-3-33

（2）承上势，甲乙步型不变，双手稍回收再向右前方推出，拳面朝前。目视右前方。（图4-3-34）

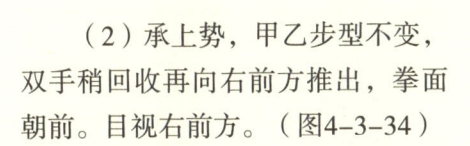

图4-3-34

第四章 咏春拳段位技术学练与考核

85

（3）承上势，甲乙步型不变，双手稍回收再向正前方推出，拳面朝前。目视前方。（图4-3-35）

动作要点：要恭敬肃穆。

图4-3-35

（4）甲乙右脚回收成并步站立；同时，左掌握拳，双抱拳回收至体侧，拳心朝上，高与胸平。目视前方。（图4-3-36）

图4-3-36

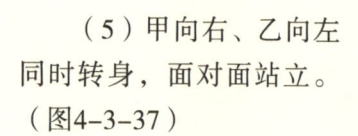

（5）甲向右、乙向左同时转身，面对面站立。（图4-3-37）

图4-3-37

开桩

（1）承上势，甲乙身体重心稍微下沉，膝部微屈下蹲。目视对方。（图4-3-38）

图4-3-38

（2）甲乙以双脚跟为轴心，脚尖尽量外摆，双膝尽量向外张开。目视对方（图4-3-39）

图4-3-39

（3）承上势，甲乙以前脚掌为轴心，将脚跟贴地向外转出，形成两脚尖斜向内相对。目视对方。（图4-3-40）

动作要点：开马时必须以胯的开合运动带动膝盖与脚尖的开合动作，同时胯部须向前抽起，达到腰马合一。

图4-3-40

双黐手

1. 甲左伏手右膀手、乙右摊手左伏手盘手三次起势

（1）甲右膀手于乙左伏手内门，甲左伏手于乙右摊手外门，四手腕相交，挤占中线。目视对方。（图4-3-41）

图4-3-41

（2）承上势，双方伏手不动，甲膀手沉肘外旋成摊手时，乙摊手内旋抛肘成膀手。目视对方。（图4-3-42）

图4-3-42

（3）承上势，双方伏手不动，甲摊手内旋抛肘成膀手时，乙膀手沉肘外旋成摊手。目视对方。（图4-3-43）

图4-3-43

（4）承上势，双方伏手不动，甲膀手沉肘外旋成摊手时，乙摊手内旋抛肘成膀手。目视对方。如此滚动三次（图4-3-44）

动作要点：肘部归中，沉肩坠肘，保持手在前身在后的对争力，双手盘手滚动之时松而不懈，柔而不软，犹如弹簧，以腰马支持上肢。切勿因用力而造成上体扭转，破坏整体结构。

图4-3-44

2. 甲右转马左膀手右护手、乙右上步左拍手右冲拳

（1）承上势，乙伏手成立掌向右横拍甲左桥手内门肘关节处，左肘前拦，乙上右步，左脚随即跟进，同时乙右膀手外旋折肘变日字冲拳攻击甲中线。目视对方。（图4-3-45、图4-3-45附图、图4-3-46、图4-3-46附图）

动作要点：甲盘手至右摊手左伏手之时是乙实施拍打最好的时机，上马、拍手、冲拳应尽量在同一时间完成，达到攻防合一。甲摊手受到拍击前臂舍力卸之，上臂不可下坠，保持结构，根据对方来力的大小、方向、速度，实施转马卸力。

图4-3-45 　　　　　图4-3-45附图

第四章　咏春拳段位技术学练与考核

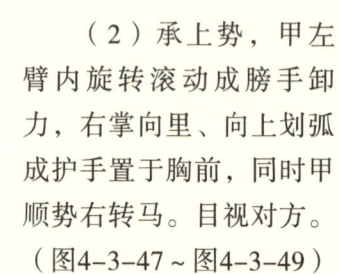

图4-3-46 　　　　　　　　　　　图4-3-46附图

咏春拳

（2）承上势，甲左臂内旋转滚动成膀手卸力，右掌向里、向上划弧成护手置于胸前，同时甲顺势右转马。目视对方。（图4-3-47～图4-3-49）

图4-3-47 　　　　　　　　　　　图4-3-47附图

图4-3-48 　　　　　　　　　　　图4-3-48附图

动作要点：甲盘手至右摊手左伏手之时是乙实施拍打最好的时机，上马、拍手、冲拳应尽量在同一时间完成，达到攻防合一。甲摊手受到拍击前臂舍力卸之，上臂不可下坠，保持结构，根据对方来力的大小、方向、速度，实施转马卸力。

图4-3-49　　　　图4-3-49附图

3. 甲右摊手左冲拳、乙退步右膀手左冲拳

　　（1）承上势，甲马步不变，右护手向前外旋变摊手，同时左掌变拳以前臂中心点为轴心，肘向内折拐成日字冲拳攻击乙中线。目视对方。（图4-3-50、图4-3-50附图）

　　动作要点：甲折肘的动作轨迹为右立圆，肘部靠中，以肘部发力，沉肩坠肘，直线发拳，勿向下按。乙上臂向前，滚动前臂，配合转马以滚圆的动作将对方的直线进攻带偏，膀手冲拳同时完成。

图4-3-50 　　　　图4-3-50附图

（2）承上势，乙右拳变掌内旋向前滚动用右膀手消解甲摊打，同时乙撤右步左转马，左日字冲拳攻击甲中线。目视对方。（图4-3-51~图4-3-54）

图4-3-51 　　　　　　　　图4-3-51附图

图4-3-52 　　　　　　　　图4-3-52附图

图4-3-53 　　　　　　　　图4-3-53附图

图4-3-54 　　　　　　　　图4-3-54附图

动作要点：甲折肘的动作轨迹为右立圆，沉肘归中，以肘催力，沉肩坠肘，直线发拳，勿向下按。乙上臂向前，滚动前臂，配合转马以滚圆的动作将对方的直线进攻带偏，膀手冲拳同时完成。

4. 甲左上步右拍手左冲拳、乙转马左枕手右冲拳

（1）承上势，甲向右前方走三角步，同时右手拍击乙左前臂外门，左日字冲拳从拍手上方攻击乙中线。目视对方。（图4-3-55、图4-3-55附图、图4-3-56、图4-3-56附图）

图4-3-55 　　　　　　　　图4-3-55附图

图4-3-56 　　　　　　　　图4-3-56附图

第四章　咏春拳段位技术学练与考核

（2）承上势，乙步型不变，落马向左转45°，左枕手消解甲冲拳，同时右日字冲拳攻击甲中线。目视对方。（图4-3-57～图4-3-59）

图4-3-57 　　　　　　图4-3-57附图

图4-3-58 　　　　　　图4-3-58附图

图4-3-59 　　　　　　图4-3-59附图

动作要点：上马、拍手、冲拳应尽量在同一时间完成，达到攻防合一。枕手注意埋肘归中。落马是在转马成侧身马45°的基础上，下盘不动身体继续转动45°。

5. 甲左上步左拦手右正掌、乙双揿手

（1）甲继续上左马左手横栏置于额前消解乙枕打，同时右正掌从拦手底下沿中线朝乙鼻子击打。（图4-3-60、图4-3-60附图、图4-3-61、图4-3-61附图）

图4-3-60

图4-3-60附图 　　图4-3-61 　　图4-3-61附图

（2）乙左侧身马不变，双掌向下发按劲成双揿手，将甲左手按压于右臂上。（图4-3-62、图4-3-62附图、图4-3-63、图4-3-63附图）

图4-3-62 　　图4-3-62附图

动作要点：上马、拦手、冲拳应尽量在同一时间完成，达到攻防合一。按劲发出犹如高空坠物，做揿手时双臂撑直。

图4-3-63　　　　　图4-3-63附图

6. 甲内门右日字冲拳、乙右揿手左冲拳

承上势，乙左侧身马左揿手变日字冲拳攻击甲中线，右手不变。甲撤左步成正身马，右拳沿中线从乙左臂内门冲出。目视对方。（图4-3-64～图4-3-68）

图4-3-64 　　　　　图4-3-64附图

图4-3-65 　　　　　图4-3-65附图

图4-3-66 　　　　　　　　　图4-3-66附图

图4-3-67 　　　　　　　　　图4-3-67附图

图4-3-68 　　　　　　　　　图4-3-68附图

第四章　咏春拳段位技术学练与考核

动作要点：撤步、抢内门须同时完成，右拳抢内门须埋肘归中。

97

7. 甲右转马右摊手左横掌、乙正身马左揿手右冲拳

（1）承上势，乙身体右转成正身马，左拳变掌向下发按劲做揿手，将甲右手按压于左臂上，同时右掌变拳攻击甲中线。目视对方。（图4-3-69~图4-3-72）

图4-3-69 　　　　　　图4-3-69附图

图4-3-70 　　　　　　图4-3-70附图

图4-3-71 　　　　　　图4-3-71附图

图4-3-72 　　　　　　　　　　　图4-3-72附图

（2）承上势，甲右转马右手外旋向前逼变摊手置于乙右肘外门消解乙右拳，同时向右前方走三角步，左横掌向乙右肋击出。目视对方。（图4-3-73、图4-3-73附图、图4-3-74、图4-3-74附图）

图4-3-73 　　　　　　　　　　　图4-3-73附图

动作要点：按劲要沉、寸、脆；摊手底掌要借走步转体之势。

图4-3-74　　　　　　　　　　　图4-3-74附图

8. 甲落马右滚手、乙右转马左上右下耕手

承上势，乙右转马45°，左掌五指放松，指尖朝上，肘底推动手掌向中线送出至右胸前，掌心朝右，借肘部向下沉坠之力，右拳变掌臂沿中线斜向下劈落，指尖朝右斜前方，掌沿朝下，与小腹同高，双臂一上一下成剪刀状置于胸前。目视对方。甲下盘不动身体右转45°，同时左手内旋向前滚动成膀手，消解乙下耕手，右摊手保持功架不变，消解乙上耕手。目视对方。（图4-3-75～图4-3-78）

图4-3-75 　　　　　　　　　　图4-3-75附图

图4-3-76 　　　　　　　　　　图4-3-76附图

图4-3-77 　　　　　　　　　　　　图4-3-77附图

图4-3-78 　　　　　　　　　　　　图4-3-78附图

动作要点：滚手是一边侧身摊手及一边低膀手的动作。而这个动作更可以借身形的左右转动而互相转换形态——当身形由一方转过另一方时，摊手转变为低膀手，同时间内低膀手转变为摊手。因此，滚手的动作可以左右循环不息地转换下去。耕手沉肩坠肘，以前臂尺骨为着力点，不宜太直或太曲，太直则杀伤力不够，太曲则手臂肌肉容易紧张。

9. 甲左转马左滚手、乙左上右下耕手

承上势，乙上下耕手继续向右发力；甲左转马，左手外旋滚动向前成摊手消解乙下耕手，置于耕手内门，同时右手内旋向前滚动成膀手消解乙上耕手。目视对方。（图4-3-79～图4-3-81）

图4-3-79

图4-3-79附图

图4-3-80

图4-3-80附图

图4-3-81

图4-3-81附图

动作要点：滚手是一边侧身摊手及一边低膀手的动作。而这个动作更可以借身形的左右转动而互相转换形态——当身形由一方转过另一方时，摊手转变为低膀手，同时间内低膀手转变为摊手。因此，滚手的动作可以左右循环不息地转换下去。

10. 甲左侧身左攋手右拂手、乙左上步左顶肘右冲拳

（1）承上势，甲身形不变，左摊手向下翻掌抓扣乙右手腕处拉带，同时右膀手向内、向上、向前划弧成拂手攻击。目视对方。（图4-3-82、图4-3-82附图、图4-3-83、图4-3-83附图）

图4-3-82 　　　　图4-3-82附图

图4-3-83 　　　　图4-3-83附图

（2）承上势，乙上左步，左膀手内旋反扣抓甲左手腕处，左肘随上步向前顶压，同时右掌变拳向内、向上旋转滚动由胸前沿中线向甲冲出。目视对方。（图4-3-84～图4-3-86）

图4-3-84 　　　　图4-3-84附图

第四章　咏春拳段位技术学练与考核

103

咏春拳

图4-3-85 　　　　　　　　　图4-3-85附图

动作要点：擸手必须扣稳，拂手须沉肩坠肘，腰马合一，斜向下发力；顶肘动作切忌耸肩，须配合步法保持整体结构力。

图4-3-86　　　　　　　　　图4-3-86附图

11. 甲右后撤步左脱手

甲右转成正身马，右手护手立于胸前，左手内旋成低膀手，接着右脚后撤，右掌内旋，掌心朝下、指尖朝前成伏手，左手掌向里、向上、向前旋转，手指向前、掌心向上，手背贴着右手臂。乙保持原姿势不动。（图4-3-87～图4-3-89）

图4-3-87 　　　　　　　　　图4-3-87附图

图4-3-88 　　　　　　　　　　　　　图4-3-88附图

动作要点：沉肩坠肘，守中用中。

图4-3-89　　　　　　　　　　　　　图4-3-89附图

12. 甲左上步右伏手左冲拳、乙左转马右膀手

（1）承上势，甲上左马，右伏手守住中线封住乙右前臂，同时左拳从伏手桥上攻击乙中线。目视对方。（图4-3-90、图4-3-90附图）

图4-3-90 　　　　　　　　　　　　　图4-3-90附图

第四章　咏春拳段位技术学练与考核

105

（2）承上势，乙左转马，右臂内旋向前滚动成膀手消解甲冲拳，左掌向里、向上划弧成护手立于胸前。目视对方。（图4-3-91、图4-3-91附图、图4-3-92、图4-3-92附图）

图4-3-91

图4-3-91附图

图4-3-92

图4-3-92附图

动作要点：伏手不可斗力，沉肩坠肘，保持功架，不挑、不顶、不格。

13. 甲左双擒手、乙右膀手左冲拳

（1）承上势，乙左日字冲拳从膀手桥上攻击甲中线。目视对方。（图4-3-93、图4-3-93附图、图4-3-94、图4-3-94附图）

图4-3-93

图4-3-93附图

图4-3-94 　　　　　　　　图4-3-94附图

（2）承上势，甲右脚斜向右前方上步，上体略左转姿势不变，左手屈肘臂手外旋，手心向下扣擸乙左手腕，右手垂肘扣腕，手心向上扣擸乙左肘，左腿提起成摊脚状。目视对方。（图4-3-95、图4-3-95附图、图4-3-96、图4-3-96附图）

图4-3-95 　　　　　　　　图4-3-95附图

图4-3-96 　　　　　　　　图4-3-96附图

动作要点：动作协调，顺畅。双擒手与步法配合紧密。

第四章　咏春拳段位技术学练与考核

107

14. 甲左截踢、乙左圈脚摊脚

（1）承上势，甲左腿提起，屈膝屈踝外旋，两手肘旋擸带，左脚向乙左膝部踩击。（图4-3-97、图4-3-97附图、图4-3-98、图4-3-98附图）

图4-3-97 　　　　图4-3-97附图

图4-3-98 　　　　图4-3-98附图

（2）乙左脚提起，向后、向里、向前圈脚展胯，在甲左腿外侧做摊脚。（图4-3-99、图4-3-99附图、图4-3-100、图4-3-100附图）

图4-3-99 　　　　图4-3-99附图

图4-3-100 　　　　　　图4-3-100附图

动作要点：圈脚不可斗力，胯部要活，支撑要稳。

15. 甲左斜上步右膀脚、乙左摊手左直撑脚

（1）承上势，乙左手臂外旋埋肘成摊手状，右护手立于胸前，同时左摊脚直撑，下踩甲支撑腿。目视对方。（图4-3-101、图4-3-101附图）

图4-3-101 　　　　　　图4-3-101附图

（2）承上势，甲右臂内旋向前滚动成膀手，左护手立于胸前，同时左脚向左拨开乙左脚并向左前方踏地，随即提起右脚，合胯成膀脚承于乙左脚外侧膝关节。目视对方。（图4-3-102、图4-3-102附图、图4-3-103、图4-3-103附图）

图4-3-102　　　　　　图4-3-102附图

第四章　咏春拳段位技术学练与考核

动作要点：跛脚、踏地、膀脚三个动作须流畅协调，一气呵成。

图4-3-103　　　　　图4-3-103附图

16. 甲右膀手右横撑脚、乙左枕手左摊脚

（1）承上势，甲膀脚横撑踹击乙支撑脚，右膀手左护手不变。目视对方。（图4-3-104、图4-3-104附图）

图4-3-104 　　　　　图4-3-104附图

（2）承上势，乙身体左转，左摊手内旋成枕手黐住甲右膀手，右护手立于胸前，左脚提起，开左胯做左摊脚，消解甲右横撑脚。目视对方。（图4-3-105、图4-3-105附图）

动作要点：摊脚不可斗力，胯部要活，支撑要稳。

图4-3-105　　　　　图4-3-105附图

咏春拳

17. 甲左转马左扱肘、乙左斜上步右扱肘

（1）承上势，乙左脚向左前方踏地，右脚随即跟进，向左拧身，枕手内旋沉肘成伏手，封住甲双手，同时右肘抬起经头侧向前、向下劈盖甲心窝。目视对方。（图4-3-106、图4-3-106附图、图4-3-107、图4-3-107附图）

图4-3-106 　　　　　图4-3-106附图

图4-3-107 　　　　　图4-3-107附图

（2）承上势，甲正身马站立，右低膀手外旋沉肘，竖掌成伏手封住乙上臂外侧，同时右转马，左肘抬起经头侧向前、向下劈盖乙头部右侧。目视对方。（图4-3-108～图4-3-110）

动作要点：伏手以肘消肘，动作要流畅，舍力、卸力、借力。

图4-3-108 　　　　　图4-3-108附图

第四章　咏春拳段位技术学练与考核

111

图4-3-109　　　　　　　　　　图4-3-109附图

图4-3-110　　　　　　　　　　图4-3-110附图

18. 甲左转马左摊手右批肘、乙右转马右摊手左批肘

（1）承上势，乙右转马，右手外旋埋肘成摊手消解甲盖肘，将左臂平放于胸前成水平状态，左肘向右横扫甲右脸，右手成摊手状高与脸平。目视对方。（图4-3-111、图4-3-111附图）

图4-3-111　　　　　　　　　　图4-3-111附图

（2）承上势，甲左转马，随即左手外旋沉肘成摊手，顺势摊拨乙左上臂外侧，同时右肘向右横扫乙左肋。目视对方。（图4-3-112、图4-3-112附图、图4-3-113、图4-3-113附图）

图4-3-112

图4-3-112附图

图4-3-113

图4-3-113附图

动作要点：肩部松开发力，上臂、前臂充分折叠。

19. 甲右摊手左伏手、乙左伏手右膀手

承上势，甲右转成正身马，右手于乙伏手内门做摊手，甲左手于乙膀手外门做伏手，乙左转成正身马，四手相交，双方皆向前挤占中线。目视对方。（图4-3-114、图4-3-115）

动作要点：肘部归中，沉肩坠肘，保持手前身后的对争力，双手盘手滚动之时松而不懈，柔而不软，犹如弹簧，以腰马支持上肢。切勿因用力而造成上体扭转，破坏整体结构。

图4-3-114

图4-3-115

第四章 咏春拳段位技术学练与考核

113

收桩

（1）甲乙同时双手抱拳收至腰侧，拳心朝上，高与胸平；同时收右脚成并步站立。目视对方。（图4-3-116、图4-3-117）

图4-3-116 　　　　　图4-3-117

（2）甲向左、乙向右同时转身。目视前方。（图4-3-118）

图4-3-118

咏春拳

三敬礼

（1）承上势，甲乙右脚向前迈步；同时，左手立掌，右手立拳，双手相合向左前方推出，拳面朝前。目视左前方。（图4-3-119）

图4-3-119

（2）承上势，步型不变，双手稍回收再向右前方推出，拳面朝前。目视右前方。（图4-3-120）

（3）承上势，步型不变，双手稍回收再向正前方推出，拳面朝前。目视前方。（图4-3-121）

动作要点：要恭敬肃穆。

图4-3-120　　　图4-3-121

收势

（1）甲乙左掌握拳，两手抱拳回收至体侧，拳心朝上，高与胸平；同时，右脚回收成并步站立。目视前方。（图4-3-122）

图4-3-122

（2）两拳变掌，垂放于身体两侧，手心朝内，抬头挺胸，下颌微收。目视前方。（图4-3-123）

动作要点：挂拳要干净利落。立正姿势要挺胸、松肩，下颌微收，目光平视前方。

图4-3-123

第四章　咏春拳段位技术学练与考核

（二）双黐手攻防变化示意图

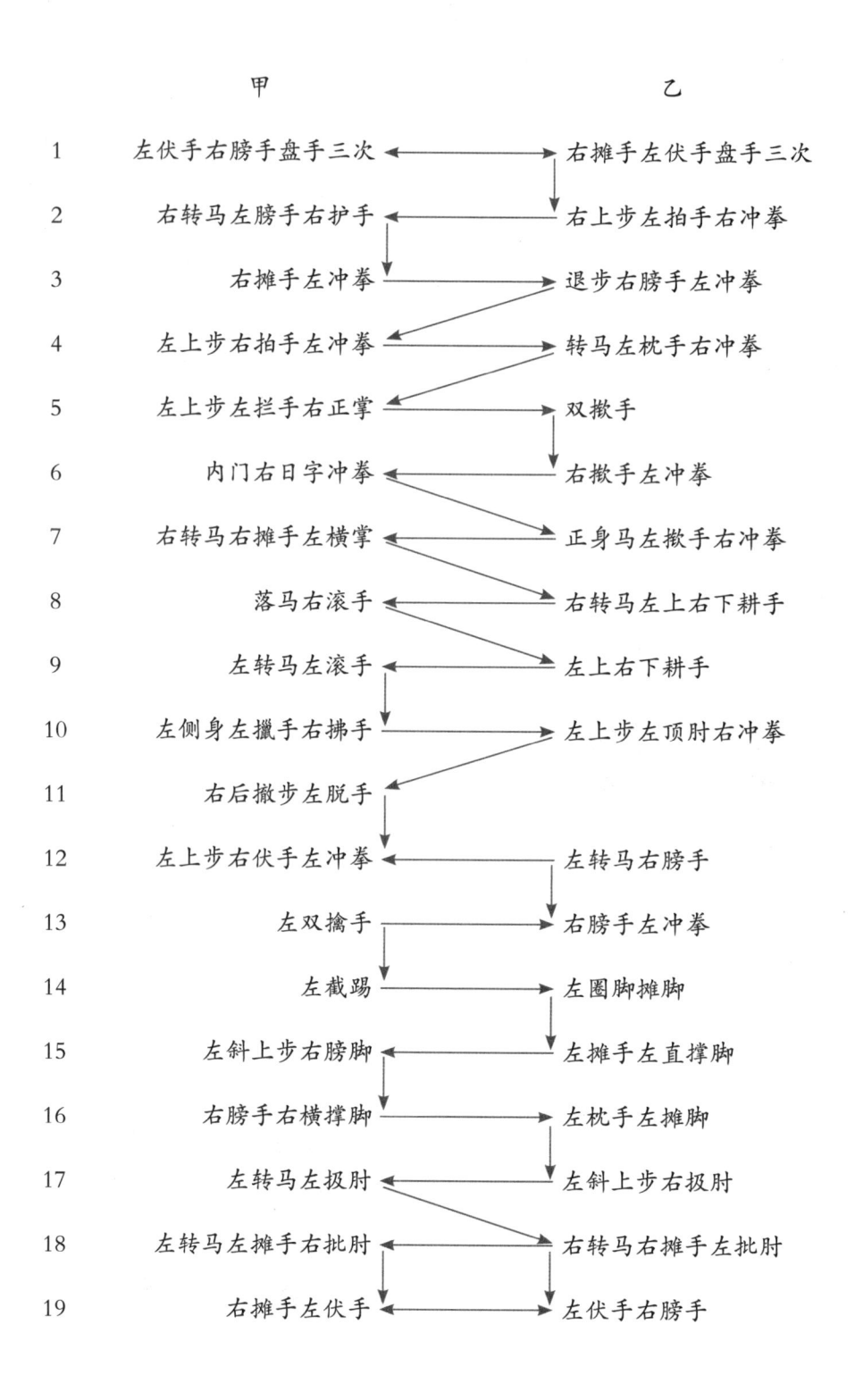

	甲		乙
1	左伏手右膀手盘手三次	← →	右摊手左伏手盘手三次
2	右转马左膀手右护手	←	右上步左拍手右冲拳
3	右摊手左冲拳	→	退步右膀手左冲拳
4	左上步右拍手左冲拳	←	转马左枕手右冲拳
5	左上步左拦手右正掌	→	双撤手
6	内门右日字冲拳	←	右撤手左冲拳
7	右转马右摊手左横掌	←	正身马左撤手右冲拳
8	落马右滚手	←	右转马左上右下耕手
9	左转马左滚手	←	左上右下耕手
10	左侧身左攦手右拂手	→	左上步左顶肘右冲拳
11	右后撤步左脱手		
12	左上步右伏手左冲拳	←	左转马右膀手
13	左双擒手	→	右膀手左冲拳
14	左截踢	→	左圈脚摊脚
15	左斜上步右膀脚	←	左摊手左直撑脚
16	右膀手右横撑脚	→	左枕手左摊脚
17	左转马左扱肘	←	左斜上步右扱肘
18	左转马左摊手右批肘	← →	右转马右摊手左批肘
19	右摊手左伏手	← →	左伏手右膀手

第四节 咏春拳段位技术动作连续演示图

（一）咏春拳段位六段套路动作连续演示图

图4-1-1　　图4-1-2　　图4-1-3　　图4-1-4　　图4-1-5

图4-1-6　　图4-1-7　　图4-1-8　　图4-1-9　　图4-1-10

图4-1-11　　图4-1-12　　图4-1-13　　图4-1-14　　图4-1-15

第四章　咏春拳段位技术学练与考核

117

图4-1-16　　图4-1-17　　图4-1-18 　　图4-1-19 　　图4-1-20

图4-1-21 　　图4-1-22 　　图4-1-23 　　图4-1-24 　　图4-1-25

咏春拳

图4-1-26 　　图4-1-27 　　图4-1-28 　　图4-1-29 　　图4-1-30

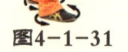

图4-1-31 　　图4-1-32 　　图4-1-33 　　图4-1-34 　　图4-1-35

118

图4-1-36 　　　　图4-1-37 　　　　图4-1-38 　　　　图4-1-39 　　　　图4-1-40

图4-1-41 　　　　图4-1-42 　　　　图4-1-43 　　　　图4-1-44 　　　　图4-1-45

图4-1-46 　　　　图4-1-47 　　　　图4-1-48 　　　　图4-1-49 　　　　图4-1-50

图4-1-51 　　　　图4-1-52 　　　　图4-1-53 　　　　图4-1-54 　　　　图4-1-55

第四章　咏春拳段位技术学练与考核

图4-1-56　　　图4-1-57　　　图4-1-58　　　图4-1-59　　　图4-1-60

图4-1-61　　　图4-1-62　　　图4-1-63　　　图4-1-64　　　图4-1-65

咏春拳

图4-1-66　　　图4-1-67　　　图4-1-68　　　图4-1-69　　　图4-1-70

图4-1-71　　　图4-1-72　　　图4-1-73　　　图4-1-74　　　图4-1-75

图4-1-76　　　　图4-1-77　　　　图4-1-78　　　　图4-1-79　　　　图4-1-80

图4-1-81　　　　图4-1-82　　　　图4-1-83　　　　图4-1-84　　　　图4-1-85

图4-1-86　　　　图4-1-87　　　　图4-1-88　　　　图4-1-89　　　　图4-1-90

图4-1-91　　　　图4-1-92　　　　图4-1-93　　　　图4-1-94

第四章　咏春拳段位技术学练与考核

（二）咏春拳段位六段木人桩套路动作连续演示图

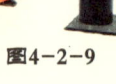

图4-2-1　　　　　图4-2-2　　　　　图4-2-3　　　　　图4-2-4

图4-2-5　　　　　图4-2-6　　　　　图4-2-7　　　　　图4-2-8

图4-2-9　　　　　图4-2-10　　　　图4-2-11　　　　图4-2-12

图4-2-13 　　　　图4-2-14 　　　　图4-2-15 　　　　图4-2-16

图4-2-17 　　　　图4-2-18 　　　　图4-2-19 　　　　图4-2-20

图4-2-21 　　　　图4-2-22 　　　　图4-2-23 　　　　图4-2-24

图4-2-25 　　　　图4-2-26 　　　　图4-2-27 　　　　图4-2-28

第四章　咏春拳段位技术学练与考核

123

图4-2-29 　　　　　图4-2-30 　　　　　图4-2-31 　　　　　图4-2-32

图4-2-33 　　　　　图4-2-34 　　　　　图4-2-35 　　　　　图4-2-36

咏春拳

图4-2-37 　　　　　图4-2-38 　　　　　图4-2-39 　　　　　图4-2-40

图4-2-41 　　　　　图4-2-42 　　　　　图4-2-43 　　　　　图4-2-44

图4-2-45 　　　　　图4-2-46 　　　　　图4-2-47  　　　　　图4-2-48

图4-2-49 　　　　　图4-2-50 　　　　　图4-2-51 　　　　　图4-2-52

图4-2-53 　　　　　图4-2-54 　　　　　图4-2-55 　　　　　图4-2-56

图4-2-57 　　　　　图4-2-58 　　　　　图4-2-59 　　　　　图4-2-60

第四章　咏春拳段位技术学练与考核

图4-2-61 　　　　　　图4-2-62 　　　　　　图4-2-63 　　　　　　图4-2-64

图4-2-65 　　　　　　图4-2-66 　　　　　　图4-2-67 　　　　　　图4-2-68

咏春拳

图4-2-69 　　　　　　图4-2-70 　　　　　　图4-2-71 　　　　　　图4-2-72

图4-2-73 　　　　　　图4-2-74 　　　　　　图4-2-75 　　　　　　图4-2-76

图4-2-77

第五节
咏春拳各级别段位考评的具体技术内容

（1）参加段前九级段位考评的学员，需要演练相对应的各个级别的技术内容。

（2）参加一段段位考评的学员，需要演练咏春拳一段单练套路（咏春拳整套单练套路中第1至第6动作）技术内容。

（3）参加二段段位考评的学员，需要演练咏春拳二段单练套路（咏春拳整套单练套路中第1至第12动作）技术内容。

（4）参加三段段位考评的学员，需要演练内容包括：

①咏春拳三段单练套路（咏春拳整套单练套路中第1至第18动作）技术内容。

②单黐手技术内容（配对学员需是参加考评相同段位学员）。

（5）参加四段段位考评的学员，需要演练内容包括：

①咏春拳四段单练套路（咏春拳整套单练套路中第1至第24动作）技术内容。

②双黐手第1至第6动作的技术内容（配对学员需是参加考评相同段位学员）。

（6）参加五段段位考评的学员，需要演练内容包括：

①咏春拳五段单练套路（咏春拳整套单练套路中第1至第39动作）技术内容。

②双黐手第1至第12动作全套技术内容（配对学员需是参加考评相同段位学员）。

（7）参加六段段位考评的学员，需要演练内容包括：

①咏春拳六段单练套路整套动作技术内容。

②双黐手起势至收势全部动作技术内容（配对学员需是参加考评相同段位学员）。

③木人桩全套动作技术内容。

第五章　咏春拳操（六进）组织、学练与考核

咏春拳操技术规范、内容充实。演练前要背诵武德篇，演练后要背诵《少年中国说》（节选）。它不仅适合在以学生为主体的学校普及，也可以进社区、进乡镇、进企业、进机关、进军营。在普及推广优秀传统武术文化的同时，又可以加强团队建设。

第一节　咏春拳操组织与学习

一、教练学习班

①学校可以安排本校教师参加广东省武术协会举办的武术段位和咏春拳操的培训班，培养教练员，经培训后进行普及教学。

②学校可以邀请省武术协会选派教练，组织教师参加武术进校园技术培训班，培养学校的武术教练。

二、学生课间操

（一）求助外援

各学校可向省武协申请指派教练团队协助，在校园开展学生课间咏春拳操整体教学和演练，在教学过程中，选拔4~6名优秀学生担任领操员。

（二）学生军训

将武德及咏春拳操技术融入中学和大学的军训环节，申请由省武协指派教练团队任

教，利用军训时间充裕的特点，夯实学生的咏春拳操技术及武德的德育培训成果，直接让武术的德、体训练融入到学生学习生活和体育锻炼之中。

（三）兴趣社团

开设校咏春拳学生社团，吸纳对咏春拳有强烈兴趣的学生，引进由省武协认证的武术培训机构，开展咏春拳学生兴趣社团教学活动。

（四）校队选拔

在咏春拳操教学过程中，选拔优秀的学生作为种子选手，参加咏春拳武术校队的专业训练，代表学校参加各种武术赛事。

三、考段参赛

（一）考核段位

开展了武术进校园咏春拳操项目的各所学校，如果参加咏春拳操日常演练的学生人数覆盖率达到了一定数量，可向省武协申请集中段位考核，通过段位考核的人数，与"广东省武术进校园星级校园"的星级数成正比。

（二）参加比赛

以班级为单位开展校内比赛，促进校园武术强身健体的氛围建设，优胜班级可代表学校参加所在地区的校际比赛，优胜学校可代表所在地区参加咏春拳操的省级比赛或全国赛。优秀个人可以参加省市县各级武术赛事。

四、武术六进

咏春拳操不仅可以进校园，也可以进社区、进乡镇、进企业、进机关、进军营。操作方法可以参照进校园模式，根据自己单位实际情况灵活安排，以求得最佳效果。

第二节　咏春拳操技术学练

第一部分

敬礼：左脚向前上一步，右脚向前跟步，两脚并步站立；同时，右手成拳，左手成掌，两手同时向前摆至胸前，左掌心掩贴右拳面（左指根线与右拳棱相齐），右拳眼斜对胸窝，屈臂成圆，肘尖略下垂。（图5-2-1、图5-2-2）

图5-2-1 　　图5-2-2

礼毕：右脚向后退一步，左脚向后跟步，两脚并步站立；同时，双手落回身体两侧，成立正姿势。（图5-2-3）

图5-2-3

第一节

（1）抱拳：双手握拳收于腋前下方与胸平，双肘后夹，双拳离身体约一指距离。（图5-2-4）

（2）半蹲：头正、身直，身体重心下沉，屈膝半蹲。（图5-2-5）

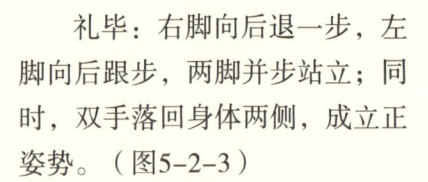

图5-2-4 　　图5-2-5

（3）分脚尖、分脚跟：以双脚跟为轴心，脚尖尽可能外摆，双膝尽量向外张开。以前脚掌为轴心，将脚跟贴地向外转出，形成双脚尖斜向内相对。（图5-2-6、图5-2-7）

图5-2-6 　　　　图5-2-7

（4）左问手桩：左问手经身体前方中线向前伸出，前臂成水平状态置于身前，高与胸平；同时，右手四指合并成竖掌，掌心朝左，指尖朝上，距心窝剑突一直掌距离，置于左肘关节附近，目视前方。（图5-2-8）

图5-2-8

（5）右日字冲拳：右手握拳成立拳，拳眼朝上沿中线向前冲出。左手握拳置于右肘内侧，拳心朝右，拳面朝前。目视前方。（图5-2-9）

（6）左日字冲拳：左拳握拳成立拳，拳眼朝上沿中线向前冲出。右拳置于左肘内侧，拳心朝左，拳面朝前。目视前方。（图5-2-10）

图5-2-9 　　　　图5-2-10

第五章　咏春拳操（六进）组织、学练与考核

131

（7）右、左日字冲拳：右拳成立拳，拳眼朝上沿中线向前冲出，左拳置于右肘内侧，拳心朝右，拳面朝前。左拳成立拳，拳眼朝上沿中线向前冲出，右拳置于左肘内侧，拳心朝左；拳面朝前。目视前方。（图5-2-11、图5-2-12）

图5-2-11 　　　　图5-2-12

（8）右日字冲拳：右拳成立拳，拳眼朝上沿中线向前冲出，左拳置于右肘内侧，拳心朝右，拳面朝前。目视前方。（图5-2-13）

图5-2-13

第二节

（1）左日字冲拳：左拳成立拳，拳眼朝上沿中线向前冲出，右拳置于左肘内侧，拳心朝左，拳面朝前。目视前方。（图5-2-14）

（2）右日字冲拳：右拳成立拳，拳眼朝上沿中线向前冲出，左拳置于右肘内侧，拳心朝右，拳面朝前。目视前方。（图5-2-15）

图5-2-14 　　　　图5-2-15

（3）左、右日字冲拳：左拳成立拳，拳眼朝上沿中线向前冲出，右拳置于左肘内侧，拳心朝左，拳面朝前，右拳成立拳，拳眼朝上沿中线向前冲出，左拳置于右肘内侧，拳心朝右，拳面朝前。目视前方。（图5-2-16、图5-2-17）

图5-2-16 　　　　图5-2-17

（4）左日字冲拳：左拳成立拳，拳眼朝上沿中线向前冲出，右拳置于左肘内侧，拳心朝左，拳面朝前。目视前方。（图5-2-18）

图5-2-18

（5）右日字冲拳：右拳成立拳，拳眼朝上沿中线向前冲出，左拳置于右肘内侧，拳心朝右，拳面朝前。目视前方。（图5-2-19）

（6）左日字冲拳：左拳成立拳，拳眼朝上沿中线向前冲出，右拳置于左肘内侧，拳心朝左，拳面朝前。目视前方。（图5-2-20）

（7）保持不动。

（8）保持不动。

图5-2-19 　　　　图5-2-20

第三节

（1）左摊手：左拳变掌，掌心朝上，指尖向前，肘归中，沿中线向前推出，肘尖离剑突一拳距离，右手抱拳收于腋下与胸平，肘后夹，右拳离身体约一指距离。（图5-2-21）

（2）左膀手：左前臂向内旋同时左肘向前抛，手腕向后、向下、向前划弧，将左臂向前滚动送出，到位后臂与肩平，上臂与肩成90°夹角，前臂与上臂成135°夹角，前臂斜向下，手腕置于胸前中线，略低于肘，手指与手腕放松。（图5-2-22）

图5-2-21 　　图5-2-22

图5-2-23 　　图5-2-24

（3）左伏手、左正掌：左肘归中，左掌向后回收，掌心朝前斜下方，指尖朝前，肘尖离剑突一拳距离，左掌变立掌以肘部发力沿中线向前打出，手臂完全伸直为止。（图5-2-23、图5-2-24）

（4）收拳：左手抱拳收于腋下与胸平，肘后夹，左拳离身体约一指距离。（图5-2-25）

（5）右摊手：右拳变掌，掌心朝上，指尖向前，肘归中，沿中线向前推出，肘尖离身体一拳距离。左手保持抱拳不变。（图5-2-26）

图5-2-25 　　图5-2-26

（6）右膀手：右肘向前抛，手腕向后、向下、向前划弧，将右臂向前滚动送出，到位后臂与肩平，上臂与肩成90°夹角，前臂与上臂成135°夹角，前臂斜向下，手腕置于胸前中线，略低于肘，手指与手腕放松。（图5-2-27）

图5-2-27

图5-2-28

图5-2-29

（7）右伏手、右正掌：右肘归中，右掌向后回收，掌心朝前斜下方，指尖朝前，肘尖离身体一拳距离，右掌变立掌以肘部发力沿中线向前打出，手臂完全伸直为止。（图5-2-28、图5-2-29）

（8）收拳：右手抱拳收于腋下与胸平，肘后夹，右拳离身体约一指距离。（图5-2-30）

第四节

（1）左冲拳：左拳成立拳，拳眼朝上沿中线向前冲出。（图5-2-31）

图5-2-30

图5-2-31

第五章　咏春拳操（六进）组织、学练与考核

（2）左拍手：左拳变掌回收距离身体一直掌距离，向右横向拍出，掌心朝右，指尖朝上。（图5-2-32、图5-2-33）

图5-2-32 　　　　图5-2-33

（3）左转马双耕手：重心右移，向左转马，保持钳膝力，以左脚前脚掌为轴左脚跟内转，身体左转45°，右脚不动；同时，左手成耕手下劈与腰平，右手向左前上方屈肘劈出，右掌高于鼻，形成上下耕手，双肘有相合之意。目视左前方。（图5-2-34）

图5-2-34

（4）收拳：身体右转成正身马，双手握拳收于腋下与胸平，双肘后夹，双拳离身体约一指距离。（图5-2-35）

（5）右冲拳：右拳成立拳，拳眼朝上沿中线向前冲出。（图5-2-36）

图5-2-35 　　　　图5-2-36

（6）右拍手：右拳变掌回收，随即向左横向拍出，掌心朝左，指尖朝上。（图5-2-37、图5-2-38）

图5-2-37 　　　图5-2-38

图5-2-39 　　　图5-2-40

（7）右转马双耕手：重心左移，向右转马，保持钳膝力，以右脚前脚掌为轴，右脚跟内转，身体右转45°，左脚不动；同时，右手成耕手下劈与腰平，左手向右前上方屈肘劈出，左掌高于鼻，形成上下耕手，双肘有相合之意。目视右前方。（图5-2-39）

（8）收拳：身体左转成正身马，双手握拳收于腋下与胸平，双肘后夹，双拳离身体约一指距离。（图5-2-40）

第五节

（1）双拦手（左手在上）：双手屈臂成水平状重叠置于胸前成拦手，左手在上，右手在下。（图5-2-41）

（2）双枕手：双肘下沉成枕手，掌心相对，前臂水平，指尖朝前，肘底运劲微向前推出。（图5-2-42）

图5-2-41 　　　图5-2-42

（3）双正掌：双手变立掌以肘部发力向前推出，以手臂完全伸直为止。（图5-2-43、图5-2-44）

图5-2-43 　　　图5-2-44

（4）收拳：双手握拳收于腋下与胸平，双肘后夹，双拳离身体约一指距离。（图5-2-45）

图5-2-45

（5）双拦手（右手在上）：双手屈臂成水平状重叠置于胸前成拦手，右手在上，左手在下。（图5-2-46）

（6）双枕手：双肘下沉成枕手，掌心相对，前臂水平，指尖朝前，肘底运劲微向前推出。（图5-2-47）

图5-2-46 　　　图5-2-47

（7）双正掌：双手变立掌以肘部发力向前推出，以手臂完全伸直为止。（图5-2-48、图5-2-49）

图5-2-48 　　图5-2-49

（8）收拳：双手握拳收于腋下与胸平，双肘后夹，双拳离身体约一指距离。（图5-2-50）

图5-2-50

第六节

（1）左、右拍手：左手伸出向右横向拍出，掌心朝右，指尖朝上，随后左手回收，右手伸出向左横向拍出，掌心朝左，指尖朝上。（图5-2-51、图5-2-52）

图5-2-51 　　图5-2-52

第五章　咏春拳操（六进）组织、学练与考核

139

（2）左拍手：右手回收，左手伸出向右横向拍出，掌心朝右，指尖朝上。（图5-2-53）

图5-2-53

（3）右、左拍手：左手回收，右手伸出向左横向拍出，掌心朝左，指尖朝上，右手回收，左手伸出向右横向拍出，掌心朝右，指尖朝上。（图5-2-54、图5-2-55）

图5-2-54　　图5-2-55

（4）右拍手：左手回收，右手伸出向左横向拍出，掌心朝左，指尖朝上。（图5-2-56）

图5-2-56

（5）左拍手、左拂手：右手变拳回收，左手伸出向右横向拍出，掌心朝右，指尖朝上，左掌向前斜上劈扫成拂手，右手不变。（图5-2-57、图5-2-58）

图5-2-57

图5-2-58

图5-2-59

（6）左拍手、右冲拳：左掌回拍成拍手，右拳屈臂沿中线向前冲出。（图5-2-59）

（7）右拍手、右拂手：左手回收，右手伸出向左横向拍出，掌心朝左，指尖朝上，右掌向前斜上劈扫成拂手，左手不变。（图5-2-60、图5-2-61）

图5-2-60

图5-2-61

第五章 咏春拳操（六进）组织、学练与考核

141

（8）右拍手、左冲拳：右掌回拍成拍手，左拳屈臂沿中线向前冲出，前臂水平。（图5-2-62）

第七节

（1）右拍左打：右掌向左上方横向拍出，掌心朝左，指尖朝上。左拳斜向上沿中线打出至伸直手臂。（图5-2-63）

图5-2-62 　　　图5-2-63

图5-2-64 　　　图5-2-65

（2）左拍右打：左拳变掌沿中线回收向右横向拍出，掌心朝右，指尖朝上，右掌变拳由中线经左前臂下方向前上方打出至手臂伸直。（图5-2-64）

（3）右揿左打：右拳变掌内旋下按，手臂撑直，指尖朝左；同时，左掌回收随即变拳沿中线向前冲出。（图5-2-65）

（4）左揿右打：左拳变掌内旋下按，手臂撑直，指尖朝右；同时，右掌回收至胸前随即变拳沿中线向前冲出。（图5-2-66）

（5）右转马右摊左打：重心左移，向右转马，保持钳膝力，以右脚前脚掌为轴右脚跟内转，身体右转45°，左脚不动。右手外旋成摊手状，高与胸平，肘尖离剑突一拳距离，左掌回收随即变拳沿中线向右前冲出。目视右前方。（图5-2-67）

图5-2-66 　　　图5-2-67

（6）左转马左摊右打：重心右移，向左转马，保持钳膝力，以右脚前脚掌为轴，右脚跟外旋，以左脚前脚掌为轴，左脚跟内转，身体左转90°；同时，左手外旋成摊手状，高与胸平，肘尖离剑突一拳距离，右掌回收随即变拳沿中线向左前冲出。目视左前方。（图5-2-68）

（7）右转马右耕左打：重心左移，向右转马，保持钳膝力，以左脚前脚掌为轴，左脚跟外旋，以右脚前脚掌为轴，右脚跟内转，身体右转90°；同时，右拳变掌下劈与腰平成右耕手。左掌回收随即变拳沿中线向右前冲出。目视右前方。（图5-2-69）

图5-2-68　　图5-2-69

（8）左转马左耕右打：重心右移，向左转马，保持钳膝力，以右脚前脚掌为轴，右脚跟外旋，以左脚前脚掌为轴，左脚跟内转，身体左转90°；同时，左拳变掌下劈与腰平成左耕手，右掌回收随即变拳沿中线向左前冲出。目视左前方。（图5-2-70）

图5-2-70

第八节

（1）右转马左揿手右护手：重心左移，向右转马，保持钳膝力，以左脚前脚掌为轴，左脚跟外旋，以右脚前脚掌为轴，右脚跟内转，身体右转90°；同时，左掌内旋下按，手臂撑直，指尖朝右，右拳变掌回收成护手。（图5-2-71）

图5-2-71

（2）正身马冲拳：身体左转成正身马，左手变拳回收至右手前方，随即沿中线向前冲出。（图5-2-72）

（3）左转马右揿手左护手：重心右移，向左转马，保持钳膝力，以左脚前脚掌为轴，左脚跟内转，身体左转45°；同时，右掌内旋下按，手臂撑直，指尖朝左，左拳变掌回收至胸前成护手。（图5-2-73）

图5-2-72 　　图5-2-73

（4）正身马冲拳：身体右转成正身马，右手变拳回收至左手前方，随即沿中线向前冲出。（图5-2-74）

（5）左冲拳：左掌变拳成立拳，拳眼朝上沿中线向前冲出，右拳置于左肘内侧，拳心朝左，拳面朝前。目视前方。（图5-2-75）

图5-2-74　　图5-2-75

（6）左并步：重心右移，左脚向右脚靠拢成并步。（图5-2-76）

（7）左直撑脚：左脚提膝向前蹬出，脚底朝前，力达脚跟。（图5-2-77）

图5-2-76 　　图5-2-77

（8）回左问手桩：左脚回收复原成正身马，摆左问手桩，双手握拳。（图5-2-78）

图5-2-78

图5-2-79

图5-2-80

第九节

（1）右冲拳：右拳成立拳，拳眼朝上沿中线向前冲出，左拳置于右肘内侧，拳心朝左，拳面朝前。目视前方。（图5-2-79）

（2）右并步：重心左移，右脚向左脚靠拢成并步。（图5-2-80）

（3）右直撑脚：右脚提膝向前蹬出，脚底朝前，力达脚跟。（图5-2-81）

（4）回左问手桩：右脚回收复原成正身马，双手变掌，摆左问手桩。（图5-2-82）

图5-2-81

图5-2-82

第五章 咏春拳操（六进）组织、学练与考核

（5）右转马左膀手右护手：重心左移，向右转马，保持钳膝力，以右脚前脚掌为轴，右脚跟内转，身体右转45°，左脚不动。左肘向前抛，手腕向后、向下、向前划弧，将左臂向前滚动送出，到位后臂与肩平，上臂与肩成90°夹角，前臂与上臂成135°夹角，前臂斜向下，手腕置于胸前中线，略低于肘，手指与手腕放松成膀手；同时，右手四指合并成竖掌置于左肘关节附近成右护手，掌心朝左，指尖朝上，距剑突一直掌距离。目视前方。（图5-2-83）

图5-2-83

（6）左并步摊手：重心右移，左脚向右脚靠拢成并步，左手外旋成摊手，掌心朝上，指尖向前，肘归中，肘尖离剑突一拳距离。（图5-2-84）

图5-2-84

（7）左上步正掌：左脚向前方踏步，右脚不动；同时，左摊手向内转成正掌向前推出，力达掌根，右手不变。（图5-2-85）

（8）回换右问手桩：左脚回收从右脚内侧向左平移，右脚跟外旋，复原成正身马，摆右问手桩。（图5-2-86）

图5-2-85 　　图5-2-86

第十节

（1）左转马右膀手左护手：重心右移，向左转马，保持钳膝力，以左脚前脚掌为轴，左脚跟内转，身体左转45°，右脚不动。右肘向前抛，手腕向后、向下、向前划弧，将右臂向前滚动送出，到位后臂与肩平，上臂与肩成90°夹角，前臂与上臂成135°夹角，前臂斜向下，手腕置于胸前中线，略低于肘，手指与手腕放松成膀手。同时左手四指合并成竖掌置于右肘关节附近成左护手，掌心朝右，指尖朝上，距剑突一直掌距离。目视前方。（图5-2-87）

图5-2-87

（2）右并步摊手：重心左移，右脚向左脚靠拢成并步，右手外旋成摊手，掌心朝上，指尖向前，肘归中，肘尖离剑突一拳距离。（图5-2-88）

图5-2-88

（3）右上步正掌：右脚向前方踏步，左脚不动；同时，右摊手向内转成正掌向前推出，力达掌根，左手不变。（图5-2-89）

（4）回换左手桩：右脚回收从左脚内侧向右平移，左脚前脚掌为轴，左脚跟外旋，复原成正身马，摆左问手桩。（图5-2-90）

图5-2-89

图5-2-90

第五章　咏春拳操（六进）组织、学练与考核

（5）右转马、左膀手、右护手：重心左移，向右转马，保持钳膝力，以右脚前脚掌为轴，右脚跟内转，身体右转45°，左脚不动。左肘向前抛，手腕向后、向下、向前划弧，将左臂向前滚动送出，到位后臂与肩平，上臂与肩成90°夹角，前臂与上臂成135°夹角，前臂斜向下，手腕置于胸前中线，略低于肘，手指与手腕放松成膀手。同时右手四指合并成竖掌置于左肘关节附近成右护手，掌心朝左，指尖朝上，距剑突一直掌距离。目视前方。（图5-2-91）

图5-2-91

图5-2-92

（6）左拂手：右手向前、向下按，左手由内外旋向前斜上方劈扫成拂手。（图5-2-92）

（7）双擒手左截踢：左肘内折，掌心向下，右手向右前上穿出，掌心向上成双擒手，同时双手向左下方抓带，提左脚向右前下方截踢。（图5-2-93）

（8）回右问手桩：左脚回收复原成正身马，双拳变掌，摆右问手桩。（图5-2-94）

图5-2-93 　　图5-2-94

第十一节

（1）左转马、右膀手、左护手：重心右移，向左转马，保持钳膝力，以左脚前脚掌为轴，左脚跟内转，身体左转45°，右脚不动；同时，右肘向前抛，手腕向后、向下、向前划弧，将右臂向前滚动送出，到位后臂与肩平，上臂与肩成90°夹角，前臂与上臂成135°夹角，前臂斜向下，手腕置于胸前中线，略低于肘，手指与手腕放松成膀手，左手四指合并成竖掌置于右肘关节附近成左护手，掌心朝右，指尖朝上，距剑突一直掌距离。目视前方。（图5-2-95）

图5-2-95

图5-2-96 　　图5-2-97

（2）右拂手：左手向前、向下按，右手外旋向前斜上方劈扫成拂手。（图5-2-96）

（3）双擒手右截踢：右肘内折，掌心向下，左手向左前上穿出，掌心向上成双擒手，同时双手向右下方抓带，提右脚向左前下方截踢。（图5-2-97）

（4）回左问手桩：右脚回收复原成正身马，双拳变掌，摆左问手桩。（图5-2-98）

（5）左转马双耕手：重心右移，向左转马，保持钳膝力，以左脚前脚掌为轴，左脚跟内转，身体左转45°，右脚不动；同时，左手成耕手下劈与腰平，右手向左前上方屈肘劈出，右掌高于鼻，形成上下耕手，双肘有相合之意。目视左前方。（图5-2-99）

图5-2-98 　　图5-2-99

（6）右转马双耕手：重心左移，向右转马，保持钳膝力，以左脚前脚掌为轴，左脚跟外旋，以右脚前脚掌为轴，右脚跟内转，身体右转90°；同时，左右手互换位置，右手成耕手下劈与腰平，左手向右前上方屈肘劈出，左掌高于鼻，形成上下耕手，双肘有相合之意。目视右前方。（图5-2-100）

图5-2-100

图5-2-101

（7）左转马双耕手：重心右移，向左转马，保持钳膝力，以右脚前脚掌为轴，右脚跟外旋，以左脚前脚掌为轴，左脚跟内转，身体左转90°；同时，左右手互换位置，左手成耕手下劈与腰平，右手向左前上方屈肘劈出，右掌高于鼻，形成上下耕手，双肘有相合之意。目视左前方。（图5-2-101）

（8）左扫肘：左脚前脚掌为轴，左脚跟外旋复原成正身马，重心位于中间；同时，右手握拳收于腋下与胸平，右肘后夹，右拳离身体约一指距离，左臂屈肘向前方横扫，肘尖朝前，手背贴于胸前。（图5-2-102）

图5-2-102

第十二节

（1）左直落肘：左手握拳，手臂外旋，左肘于身前直线下砸，肘尖朝下，拳心朝里，拳面朝上，力达肘尖，右手不变，目视前方。（图5-2-103）

（2）左标指：左拳变掌向前标出，掌心朝上，指尖向前，肘关节伸直。（图5-2-104）

图5-2-103 　　　　图5-2-104

（3）左抱拳：左手抱拳收于腋下与胸平，肘后夹，左拳离身体约一指距离。（图5-2-105）

（4）右扫肘：左臂屈肘向前方横扫。（图5-2-106）

图5-2-105　　　　图5-2-106

（5）右直落肘：右手握拳，手臂外旋，右肘于身前直线下砸，肘尖朝下，拳心朝里，拳面朝上，力达肘尖，左手不变，目视前方。（图5-2-107）

（6）右标指：右拳变掌向前标出，掌心朝上，指尖向前，肘关节伸直。（图5-2-108）

图5-2-107 　　　　图5-2-108

（7）右抱拳：右手抱拳收于腋下与胸平，肘后夹，右拳离身体约一指距离。（图5-2-109）

（9）右脚向左脚收回成并步站立；同时，两拳变掌向下放置于大腿外侧，手心朝内。目视前方。（图5-2-110）

图5-2-109　　　　图5-2-110

第二部分

由第一部分第三节至第十一节前四拍组成

第三部分

由第一部分第五节至第十二节组成

第四部分

第一节

（1）双手由身体两侧向上、向前划弧平举至胸前，高与肩平，两手距离与肩同宽，手心朝下。（图5-2-111）

（2）两掌抓握成拳。（图5-2-112）

图5-2-111　　　　图5-2-112

（3）两臂屈肘、两拳收至胸前，两臂端平，拳面相对，拳心朝下。目视前方。（图5-2-113）

图5-2-113

（4）两臂外旋，两拳由上向下挂击并顺势抱拳收回至腰两侧。（图5-2-114、图5-2-115）

图5-2-114

图5-2-115

（5）两腿屈膝下蹲。（图5-2-116）

图5-2-116

第五章　咏春拳操（六进）组织、学练与考核

153

（6）蹬地跳起，下落震脚。（图5-2-117、图5-2-118）

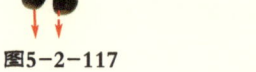

图5-2-117 　　　　图5-2-118

（7）右脚向前方上步，脚尖微内扣，左拳变掌与右拳同时上提至右肩前，左掌与右拳拳面相对。目视前方。（图5-2-119）

（8）左脚向前迈出，脚尖点地成左虚步，左掌与右拳向前推出，高与肩平，两臂与肩同宽，左掌心朝前，右拳心向下。（图5-2-120）

图5-2-119　　　　图5-2-120

第二节

（1）左掌抓握成拳，两拳回收，屈肘至胸前，两臂端平，拳面相对；同时，左脚向后退步。（图5-2-121）

（2）两拳以肘为轴，由上向前下挂击；同时，右脚向后撤步。（图5-2-122）

图5-2-121 　　　　图5-2-122

（3）双拳顺势收回体侧，高与胸平，拳心朝上，并步站立。（图5-2-123）

（4）两腿屈膝，重心下沉。（图5-2-124）

图5-2-123

图5-2-124

（5）右脚向前迈出成高虚步；同时，左手立掌、右手立拳，双手相合向左前方推出，拳面朝前，目视左前方。（图5-2-125）

（6）步型不变，双手稍回收再向右前方推出，拳面朝前。目视右前方。（图5-2-126）

图5-2-125

图5-2-126

（7）步型不变，双手稍回收再向正前方推出，拳面朝前。目视前方。（图5-2-127）

（8）右脚向后回收，与左脚并步站立；同时，双手握拳回收至体侧，高与胸平，拳心朝上。目视前方。（图5-2-128）

图5-2-127

图5-2-128

第三节

（1）屈膝：两腿弯曲，重心下沉。（图5-2-129）

（2）脚跟开马：以脚跟为轴，两脚尖向外摆。目视前方。（图5-2-130）

图5-2-129

图5-2-130

（3）脚尖开马：以前脚掌为轴，两脚脚跟贴地向外转出，形成两脚尖斜向内相对。（图5-2-131）

（4）摆左问手桩：左拳变掌，沿中线向前穿出，指尖朝前，高与胸平；同时，右手四指合并成竖掌置于左臂肘关节附近。掌心朝左，指尖朝上，距剑突一直掌距离，目视前方。（图5-2-132）

图5-2-131

图5-2-132

（5）左转马左摊右打：重心右移，向左转马，保持钳膝力，以左脚前脚掌为轴左脚跟内转，右脚不动，身体左转45°；同时，左手外旋成摊手状，高与胸平，肘尖离剑突一拳距离，右掌回收随即变拳沿中线向前冲出。（图5-2-133）

图5-2-133

（6）右转马、左膀手、右护手：重心左移，向右转马，保持钳膝力，以右脚前脚掌为轴，右脚跟内转，身体右转45°，左脚不动；同时，左肘向前抛，手腕向后、向下、向前划弧，将左臂向前滚动送出，到位后臂与肩平，上臂与肩成90°夹角，前臂与上臂成135°夹角，前臂斜向下，手腕置于胸前中线，略低于肘，手指与手腕放松成膀手，右手四指合并成竖掌置于左肘关节附近成右护手，掌心朝左，指尖朝上，距剑突一直掌距离，目视前方。（图5-2-134）

图5-2-134

图5-2-135

图5-2-136

（7）右并步左摊手右护手：重心右移，左脚向右脚靠拢成并步，左手外旋成摊手，掌心朝上，指尖向前，肘归中，肘尖离剑突一拳距离成摊手。（图5-2-135）

（8）左上步正掌：左脚向前方踏步，同时左摊手向内转成正掌并向前推出，力达掌根，右护手置于左肘关节上方。（图5-2-136）

第四节

（1）左撤步、左转马、上下耕手：左脚经右脚内侧向左横开一步，身体左转45°，以右脚前脚掌为轴，右脚跟外旋。左手成耕手下劈与腰平；同时，右手向左前上方屈肘劈出，右掌高于鼻平，形成上下耕手，双肘有相合之意。目视左前方。（图5-2-137）

图5-2-137

第五章 咏春拳操（六进）组织、学练与考核

（2）左侧身马、左摊手、右低膀手：左手由内向左前上方外旋滚动成摊手，右手内旋向前下方滚动成低膀手。（图5-2-138）

（3）左侧身马、左伏手、右拂手：左臂内旋成伏手，右手外旋由内向上、向前成拂手。（图5-2-139）

图5-2-138

图5-2-139

（4）右转马、右扣手、左拂手：重心左移，向右转马，保持钳膝力，以左脚前脚掌为轴，左脚跟外旋，以右脚前脚掌为轴，右脚跟内转，身体右转90°；同时，右肘下沉，手掌向下成扣手，左掌向斜前上方劈扫成拂手。（图5-2-140）

（5）左三角步、左拍右打：右脚经左脚内侧向右前方划弧圈步上马，左脚随即跟进，左掌回收随即向右横拍出，右手变拳沿中线向前冲出。（图5-2-141）

图5-2-140

图5-2-141

（6）左冲拳：脚步不变，左手变拳向前冲出至伸直，右手回收置于左手肘关节，处拳面朝前，拳心朝左。（图5-2-142）

（7）右冲拳：右拳向前冲出至伸直，左手回收置于右手肘关节内侧。（图5-2-143）

图5-2-142

图5-2-143

（8）右撤步、右侧身马擸打：右脚经左脚内侧向右横开一步，重心在左脚，身体向右侧身，右手内旋扣拉成拉手，前臂与胸同高，左拳向前方冲出。（图5-2-144、图5-2-145）

图5-2-144 　　　图5-2-145

第五节

（1）左转马、右低膀手、左护手：两脚分别以前脚掌为轴，右脚尖内扣，左脚尖外摆向左转马；同时，右手内旋滚动前抛成右低膀手，左手自然成护手状置于胸前。（图5-2-146）

（2）左扣步：重心前移，左脚尖内扣向前踏步。（图5-2-147）

图5-2-146　　　图5-2-147

（3）右斜上步、右拂手、左拍手：右脚经左脚内侧向右前方斜绕上步，左脚随即跟进，身体右转，重心靠后；同时，右掌成拂手向右横劈扫，左掌向右横拍，立于右臂内侧上方。（图5-2-148）

（4）左撤步：左脚向左后方撤步，重心后移；右手内旋向下划弧成膀手。（图5-2-149）

图5-2-148 　　　图5-2-149

第五章　咏春拳操（六进）组织、学练与考核

（5）右膀手、右横撑脚：提右膝使右脚成膀脚状，向右前方撑踹，力达脚跟。（图5-2-150、图5-2-151）

图5-2-150 　　　　图5-2-151

（6）右踏步：身体下沉，右脚向右侧落步。（图5-2-152）

图5-2-152

（7）右转马、左低膀手、右护手：左脚略上半步，身体右转，左手内旋滚动前抛成低膀手，右手自然成护手状置于胸前。（图5-2-153）

（8）左转马、右低膀手、左护手：两脚分别以前脚掌为轴，右脚尖内扣，左脚尖外摆向左转马；同时，右手滚动前抛成右低膀手，左手自然成护手状置于胸前。（图5-2-154）

图5-2-153 　　　　图5-2-154

第六节

（1）左并步：上身不动，左脚收回与右脚并步。（图5-2-155）

（2）正身马、右摊手、右直撑脚：右手外旋由下向上、向前摊出；同时，右脚提膝向前蹬出。（图5-2-156）

图5-2-155 　　　　图5-2-156

（3）右踏步、右揿左打：右脚落步，右手内旋向下揭按成揿手，同时左掌变拳向前方冲出。（图5-2-157）

（4）右冲拳：右手收回至胸前变拳向前冲出，左拳收回置于右手肘关节处。（图5-2-158）

图5-2-157　　　　图5-2-158

（5）右膀手：重心右移，向左微转身，右手内旋后向下、向前抛出成膀手，左手成护手。（图5-2-159）

（6）左斜上步：左脚斜向左前方上步，身体略右转。（图5-2-160）

图5-2-159 　　　　图5-2-160

第五章　咏春拳操（六进）组织、学练与考核

161

（7）双擒手截踢：右手屈臂外旋，手心向下扣拉，左手垂肘，手心向上扣拉，两手同时拉带。右腿屈膝提起，屈踝外旋向右下方踩出。（图5-2-161）

（8）右踏步：上身不动，右脚向右踏步，双手向前冲出，高与肩平。（图5-2-162）

图5-2-161

图5-2-162

图5-2-163

第七节

（1）左转马伏打：两脚尖分别以前脚掌为轴，右脚尖内扣，左脚尖外摆向左转马；同时，左手变掌向左前方成伏手，右手以日字冲拳向前冲出。（图5-2-163）

（2）右转马双耕手：重心左移，向右转马，保持钳膝力，以左脚前脚掌为轴，左脚跟外旋，以右脚前脚掌为轴，右脚跟内转，身体右转90°；同时，右手成耕手下劈与腰平，左手向右前上方屈肘劈出，左掌高于鼻，形成上下耕手，双肘有相合之意。目视前方。（图5-2-164）

图5-2-164

（3）左转马、双耕手：重心右移，向左转马，保持钳膝力，以右脚前脚掌为轴，右脚跟外旋，以左脚前脚掌为轴，左脚跟内转，身体左转90°；同时，左右手互换位置，左手成耕手下劈与腰平，右手向左前上方屈肘劈出，右掌高于鼻，形成上下耕手，双肘有相合之意。目视前方。（图5-2-165）

图5-2-165

（4）右转马、双耕手：重心左移，向右转马，保持钳膝力，以左脚前脚掌为轴，左脚跟外旋，以右脚前脚掌为轴，右脚跟内转，身体右转90°；同时，左右手互换位置，右手成耕手下劈与腰平，左手向右前上方屈肘劈出，左掌高于鼻，形成上下耕手，双肘有相合之意。目视前方。（图5-2-166）

图5-2-166

（5）摆桩：左转成正身马；同时，右掌沿中线向前穿出，高与胸平，左手四指合并成竖掌置于右臂关节左侧，指尖朝上，距剑突一直掌距离，目视前方。（图5-2-167）

图5-2-167

第五章 咏春拳操（六进）组织、学练与考核

163

（6）右脚向前迈步；同时，左手立掌、右手立拳，双手相合，向左前方推出，拳面朝前，目视左前方。（图5-2-168）

图5-2-168

图5-2-169　图5-2-170

（7）步型不变，双手稍回收再向右前方推出，拳面朝前。目视右前方。（图5-2-169）

（8）步型不变，双手稍回收再向正前方推出，拳面朝前。目视前方。（图5-2-170）

第八节

（1）左掌抓握成拳，两拳回收，屈肘至胸前，两臂端平，拳面相对；同时，左脚向后退步。（图5-2-171）

图5-2-171

（2）两拳以肘为轴，经上向前下挂击；同时，右脚向后退步。（图5-2-172）

（3）双拳顺势收回体侧，高与胸平，拳心朝上；同时，左脚回收并步站立。（图5-2-173）

图5-2-172

图5-2-173

（4）身体重心稍微下沉，两膝微屈下蹲。（图5-2-174）

图5-2-174

（5）左脚向左外圈开步至肩宽，脚尖内扣。（图5-2-175）

（6）身体重心左移，成正身马。（图5-2-176）

图5-2-175

图5-2-176

第五章　咏春拳操（六进）组织、学练与考核

165

（7）右脚向右开步外圈至肩宽，脚尖内扣。（图5-2-177）

（8）身体重心右移，成正身马。（图5-2-178）

图5-2-177

图5-2-178

图5-2-179

第五部分

第一节

（1）左揿手：左拳变掌垂直向下按，手臂撑直。（图5-2-179）

（2）保持不动。

（3）右揿手：右拳变掌垂直向下按，手臂撑直。（图5-2-180）

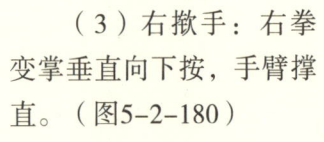

（4）保持不动。

图5-2-180

（5）双肘于身后提拉带动前臂，双肘夹紧，手掌放松紧贴腰后方。（图5-2-181、图5-2-181附图）

（6）保持不动。

图5-2-181　　　　图5-2-181附图

（7）后揿手：双手同时向斜后方按出，手臂撑直。（图5-2-182、图5-2-182附图）

（8）保持不动。

图5-2-182 　　　　图5-2-182附图

第二节

（1）双手收回至腰间，手掌放松置于腰部两侧，双肘夹紧。（图5-2-183、图5-2-183附图）

（2）保持不动。

图5-2-183　　　　图5-2-183附图

第五章　咏春拳操（六进）组织、学练与考核

（3）双手经腰间绕至胸前，掌心朝前下方，指尖朝上。（图5-2-184）

（4）保持不动。

（5）双手同时向腹部前方按出，手臂撑直。（图5-2-185）

（6）保持不动。

图5-2-184

图5-2-185

（7）双手屈臂成水平状重叠置于胸前成拦手，左手在上。（图5-2-186）

（8）保持不动。

图5-2-186

第三节

（1）双手向下、向后荡出至完全伸展。（图5-2-187）

（2）双手屈臂成水平状重叠置于胸前成拦手，左手在上。（图5-2-188）

图5-2-187

图5-2-188

（3）双手向两侧水平方向荡出至完全伸展。（图5-2-189）

图5-2-189

（4）双手屈臂成水平状重叠置于胸前成拦手，左手在上。（图5-2-190）

（5）双手向两侧斜上方向后荡出至完全伸展，双手掌心向两侧外斜下方。（图5-2-191）

图5-2-190　　图5-2-191

（6）双手屈臂成水平状重叠置于胸前成拦手，右手在上，左手在下。（图5-2-192）

（7）双手向正上方荡出至完全伸展，双手掌心向两侧外。（图5-2-193）

图5-2-192 　　图5-2-193

第五章　咏春拳操（六进）组织、学练与考核

（8）双手屈臂成水平状重叠置于胸前成拦手，左手在上。（图5-2-194）

第四节

（1）左转马：重心右移，向左转马，保持钳膝力，以左脚前脚掌为轴，左脚跟外旋，身体左转90°；拦手保持不变。（图5-2-195）

图5-2-194 　　图5-2-195

（2）身体右转成正身马，拦手保持不变。（图5-2-196）

（3）右转马：重心左移，向右转马，保持钳膝力，以右脚前脚掌为轴，右脚跟外旋，身体右转90°；拦手保持不变。（图5-2-197）

图5-2-196　　图5-2-197

（4）身体左转成正身马，拦手保持不变。（图5-2-198）

（5）双枕手：双肘下沉成枕手，掌心相对，前臂水平，指尖朝前微向前推出。（图5-2-199）

图5-2-198 　　图5-2-199

（6）双托手：掌心朝上，肘底用力向斜上前方托出。（图5-2-200）

（7）双窒手：双掌心内旋朝斜前下方，肘部下沉发力向下拉带。（图5-2-201）

图5-2-200 　　图5-2-201

（8）双标指手：双手沿中线向前标出成标指手，手臂完全伸直。（图5-2-202）

收：

（1）双手握拳收于腋下与胸平，双肘后夹，双拳离身体约一指距离。（图5-2-203）

图5-2-202　　图5-2-203

（2）左脚向右脚靠步，成并步。（图5-2-204）

（3）双脚站立，手自然下沉伸直置于两侧裤缝处。（图5-2-205）

图5-2-204 　　图5-2-205

第五章　咏春拳操（六进）组织、学练与考核

敬礼：左脚向前，右脚并步站立。右手成拳，左手成掌，左掌心掩贴右拳面（左指根线与右拳棱相齐），右拳眼斜对胸窝，置于胸前屈臂成圆，肘尖略下垂。（图5-2-206）

礼毕：双手伸直置于身体两侧，手心朝内，右脚向后，左脚并步站立。（图5-2-207）

图5-2-206 　　　　图5-2-207

第三节 咏春拳操演练流程

一、"武术进校园"咏春拳操演练流程

1. 行抱拳礼，背诵《武德篇》

崇德尚武，复兴中华；热爱人民，精忠报国；孝敬父母，尊师重道；亲仁善邻，和谐相处；遵纪守法，伸张正义；恭敬辞让，相待以礼；文韬武略，智勇双全；诚以待人，信以立身；见义勇为，尚武强国。

2. 集体演练

配用口令演练，或者配用能够体现武术精神的音乐进行演练。在试验推广过程中，很多学校用了不同的背景音乐，都突出了武术的特点和青少年的精神面貌。尤其是鹤山万名中小学生咏春拳操汇演时播放了《叶问3》插曲，取得了非常好的效果。

3. 背诵《少年中国说》（节选）

故今日之责任，不在他人，而全在我少年。少年智则国智，少年富则国富；少年强则国强，少年独立则国独立；少年自由则国自由；少年进步则国进步；少年胜于欧洲，则国胜于欧洲；少年雄于地球，则国雄于地球。红日初升，其道大光。河出伏流，一泻汪洋。潜龙腾渊，鳞爪飞扬。乳虎啸谷，百兽震惶。鹰隼试翼，风尘翕张。奇花初胎，矞矞皇皇。干将发硎，有作其芒。天戴其苍，地履其黄。纵有千古，横有八荒。前途似海，来日方长。美哉我少年中国，与天不老！壮哉我中国少年，与国无疆！

二、"武术进社区、进乡镇、进企业、进机关、进军营"咏春拳操演练流程

1. 行抱拳礼，背诵《武德篇》

崇德尚武，复兴中华；热爱人民，精忠报国；孝敬父母，尊师重道；亲仁善邻，和谐相处；遵纪守法，伸张正义；恭敬辞让，相待以礼；文韬武略，智勇双全；诚以待人，信以立身；见义勇为，尚武强国。

2. 集体演练

配用口令演练，或者配用能够体现武术精神的音乐进行演练。在试验推广过程中，很多学校用了不同的背景音乐，都突出了武术的特点和青少年的精神面貌。尤其是鹤山万名中小学生咏春拳操汇演时播放了《叶问3》插曲，取得了非常好的效果。

3. 背诵诗文

内容可以选择既适合本单位特点，又符合时代要求、具有正能量的诗文等。

第四节 咏春拳操考核与段位晋级

一、考评员安排

考评监督1人，考评长1人，考评员4~6人。考评员人数可以根据实际演练规模增减。

二、考评级别评定

按照参演的实际水平或比例，评定段前1~9级，优秀者可以进段。参演者通过考评，获得武术段位级别，并且都可以获得相应段位证书。

三、公布成绩

考评成绩在广东省武术协会官网上公布，广东省武术协会会员均可以在广东省武术协会官网上查到自己的段位信息。

附录　高段位（七段、八段、九段）申报指南

咏春拳段位中，一段至六段技术是段位考评中最核心的内容，从低到高各个段位级别中的技术数量是递增的，是一个完整的体系。学练此内容后已经掌握了本拳种的主要技术，段位已经达到了中段高级水平，而且这些考评都是在省内完成的。高段位（七段、八段、九段）要参加统一组织培训，再参加中国武术协会举办的统一考试。

一、申报流程

（1）已经获得武术相应段位资格并在年龄和资历方面符合国家武术段位申报条件的人员，可以向省武术协会申请，填写表格。表格可以在广东省武术协会官方网站上下载。

（2）参加省武术协会组织的统一培训。

（3）资料通过审核，参加中国武术协会组织的统一考试。

二、培训学习

（1）由省武术协会提前培训或中国武术协会统一培训。

（2）学练内容包括：武德、武术理论、武术段位技术一至六段单练、黐手和木人桩技术内容。

（3）参考咏春拳传统拳术套路、器械套路以及实战技术。

编后语

砥砺四年，广东省南拳段位制系列教程《咏春拳》篇面世。

为了编好本系列教程，王二平、李捷、黄建刚、田勇，以及（按姓氏笔画排序）马玉基、马晟、刘庆华、刘永峰、许翔、孙小勇、李占锋、李朝旭、李蓬、李伟、李剑鸣、吴杰龙、吴岳杰、吴婷婷（女）、何强、张慧娟、陈燕萍、陈耀佳、林曦、郑基松、赵保强、赵彤、姚静（女）、郭伟杰、黄标、黄光源、龚惠萍（女）、颜丙勋、潘东、魏红等体育同仁、专家，反复研究、制订教程编写思路、框架、原则和方法。

为使本教程从技术上编排有据，习练切合实际，在国内外具有较大影响力的咏春拳老专家、老拳师们热心参与了研究交流，他们是（按姓氏笔画排序）：王群、卢继甜、冯炎良、阮高德、麦广权、李建齐、岑迪斯、岑兆伟、陈国基、陈煜钊、郭伟湛、黄匡中、黄念怡、黄朗、梁国华、谢岳平、谭锦兴、黎高雄等；在粤港澳地区有影响力的专家、拳师、传承人们精心钻研实践，他们是（按姓氏笔画排序）：王宏心、卢彦敏、丘柏金、付林、朱运兴、杨晓立、杨富华、张太教、张国淼、张荣耀、陈大炫、陈万斌、陈文庄、陈泽歆、陈锡棠、陈培迪、陈海鹏、麦羽强、林柳清、罗德志、周文龙、钟伟强、侯德贤、秦卫杰、袁伟明、徐位村、黄伟明、黄金川、黄立新、曹敏辉、梁伟耀、董崇华、曾翔、谢玮精、谢岳军、谢朗、潘添宝等；以及一些咏春拳优秀教练传承人，他们是（按姓氏笔画排序）：马飞龙、马昕驰、王北生、王星龙、计云鹤（女）、古锦志、卢冠丞、邝华鸿、邝华贤、甘恒顺、吕宗遥、孙升东、孙思佳（女）、李新华、李喜才、李健豪、李锦洪、李业铭、李泽鹏、李业俊、何文轩、何国锐、张鹏飞、张翼雄、张茂林、张丹泽、陈万斌、陈天成、陈政涛、陈慧芬（女）、陈美芳（女）、陈水贤、罗建青、罗小宝、练泽锋、郑建鹏、胡春梅、钟建辉、莫祖平、郭润儿、唐帅、黄华曾、黄金龙、黄金川、黄博、黄冬薇（女）、黄嘉敏（女）、梁琦敏（女）、游德芳（女）、曾密芳（女）、谢善钦、博进利、蓝志鹏、雷镇城、詹少奎、蔡骏游、熊林等，他们参与了咏春拳套路、黐手、实战招式展示与演练，付出了辛勤劳动；还有徐海亮、毛彬、杨晓立、陈泽歆、罗小宝、黄嘉敏、蔡立阳、邹礼婷等人，为拍好教程照片和视频，反复比选校核，不辞辛苦。对以上人员展示出的专业精神、对教材编写的热心支持参与和卓有成效的工作，表示衷心的感谢！

在教程编写过程中，徐海亮协助本人执行书稿统筹和编撰。第一章由李兆伟、毛彬和杨晓立负责；第二章、第三章、第四章由徐海亮、毛彬和李占锋负责；第五章、附录由徐海亮、毛彬和杨晓立负责。他们对教程出版倾注了大量心血，在此一并致谢！

还有，在本教程编撰工作和活动推广过程中，中国武术协会和国际武术联合会给予了关心与指导，尤其是广东华体武术文化发展有限公司，在场地、食宿、接待、人员等方面的大力配合与支持，为教程的顺利编写提供了便利条件。广东省体育局群体处、广东省社会体育中心、广东省武术运动管理中心、广东省武术队、广东省教育厅体育卫生与艺术教育处、鹤山市委市政府、广东省学生体育艺术联合会给予了大力支持与配合，在此一并表示衷心的感谢！

在教程推出的前后，我们组织了广泛的试用推广，取得了理想效果。比如，2017年先后举办了广东省咏春拳竞赛规则研讨会和咏春拳搏击技术研讨会，为举办两届鹤山国际咏春擂大赛及2018年"佛山高新区杯"国际武术联合会咏春拳大赛，奠定了咏春拳搏击技术和咏春拳竞赛规则规程的基础。2018年举办了以本教程为教学内容的省武术进校园教师培训班，由徐海亮、朱传尧、郭福进、毛彬、陈泽歆、杨晓立等教练团队精心教学，历时3个月，培训了600多名体育教师，为咏春拳武术进校园培养了宝贵的师资力量。2019年4月，鹤山市近100名体育教师经过培训返校教授咏春拳操；同年5月，鹤山市举办了校际咏春拳操比赛暨武术（咏春拳）段位考评，全市33所中小学校代表队共1800多名学生参加；同年11月，举办了鹤山市万名中小学生咏春拳操汇演暨国家武术段位考评活动，共有12960名中小学生同一时段集体演练咏春拳操，活动圆满成功。目前，鹤山市已将咏春拳操作为课间操，在校生习练者8万多人，是国内首个实现咏春进校园全覆盖的县市。佛山市教育局领导非常重视武术进校园工作，在广东省武术协会的支持下，先后举办了"2021年佛山市校园武术（咏春）骨干教师培训班""广东省佛山市高明区中小学校全面普及推广武术操教师培训班""2022年'百师带百校'佛山市义务教育学校咏春拳操体育骨干教师培训班"，培养了大批优秀武术师资，为佛山校园武术发展注入了新的活力。咏春拳操已成为当地促进学生身心健康发展的特色教育，是武术进校园的成功范例。

本教程为"六进"普及推广提供了教材范本，其编撰付梓，标志着广东省段位武术和传统武术普及推广进入一个崭新阶段，对于传承和推广咏春拳、加强青少年武德教育、弘扬爱国主义精神都会起到积极推广作用。

中国武术协会副主席
广东省武术协会主席